＼小児科医が教える／

子どもの脳の成長段階で「そのとき、いちばん大切なこと」

奥山力
Okuyama Chikara

日本実業出版社

はじめに

泣いている赤ちゃんは、何を考えているのでしょうか？

おなかがすいたのかな？
ミルクを飲んでも、まだ足りないのかな？
寒いのかな？　暑いのかな？
何か不安な気持ちになっているのかな？
どこか具合が悪いんじゃないのかな？
どこか痛いところがあるのかな？
病院に行ったほうがいいの？
どうすればいいの？
どうして、この子は泣いているの？

子どもの行動は、兄や姉と似たような行動を示しても、まったく異なった意味合いを持っています。

ちょっとした視点の違いや思い込みによって、大変なことにもなりかねません。

それなのに、お子さんを授《さず》かったお母さんやお父さんは、いきなり子育ての専門家なみの対応を求められてしまいます。それは本当に恐ろしいことです。

自分の子どもの子育てをしっかり行うには、どうすればよいのでしょうか？

育児書に書いてあることを１００パーセント守ると、うまくいくのでしょうか？

子どもは１人ひとりちがうから

きっとそれでは、骨折り損のくたびれ儲けになってしまうことでしょう。

それは、**育児書に書いてあるお子さんが、あなたのお子さんではないからです。**

それでは、どうすればよいのでしょうか？

まずは、**目の前にいる子どもを見る目を養うことです。**

そのためには、大人とは異なった成長をしている「子ども」という存在が、どのようなものかをしっかりと理解することです。

子どもの成長を経験論的ではなく、「子どもの脳の成長」という視点から理解し、目の前にいるお子さんに合った子育ての方法を、お母さんやお父さんと子どもたちとの共同作業でつくり上げていけばよいのです。

あなたたちだけができる、あなたたちだからこそできる、子どもとの楽しい子育ての時間のすごし方を、この本のなかで見つけてみませんか？

あなたは、自分の子どもにどんなふうに育ってほしいですか？

突然ですが、ここで質問です。

あなたは「子どもを大人が望むような素晴らしい結果を出せるような人」に育てたいと思いますか？

それとも「子どもが自分らしく生きていけることに誇りを持てる人」に育てたいと思いますか？

前者のようなタイプは、結果ばかりを意識して、狭い価値観のなかで自分の成長の変化に気づきにくくなってしまいます。

周囲から見ると素晴らしい結果を残せていても、自分が本当に望んだ世界に生きていなければ、満たされることはありません。したがって、自己評価も低くなってしまうかもしれません。

後者のようなタイプは、脳のネットワークの広がりが豊かで、自己評価の高い人に育つ可能性が高いでしょう。

このようなタイプの子どもは、自分ができること、できないことに気づくことができます。自分を知り、自分の好きなことを見つけることができます。

お母さんやお父さんが思い描くような成長とは異なるかもしれませんが、たとえ周囲から見ると大変で損をしているようにみえたとしても、本人にとっては素晴らしい人生を感じることができると思います。

自己評価の高まりは、何かを成し得たということだけではなく、何かができるというだけでもなく、本人が望んでいるものを探し求める環境が認められて、そこに挑んでいるなかで生まれるものだと思います。

自己評価が低い人は、自分を認められないだけではなく、自分に対する不安な気持ちによって、他人に対しても適切な距離で関わることを難しくしてしまいます。

自己評価の高い人が自己のコントロールに意識が向き合いやすい一方、自己評価の低い人は、結果や周囲の目を意識しやすいあまりに、他者に対するコントロールに気持ちが向きやすくなってしまうものなのです。ときに、いじめなどのように、他者へのコントロールにつながっていくことにもなります。

残念ながら、大人が望むような子どもになってほしい方にとって、この本を読むことは時間のムダになってしまうかもしれません。

この本は、子どもの脳の成長を通じて、子どもたち1人ひとりが持って生まれた宝物を開花させるお手伝いをする人のためのものです。

他者からのコントロールに翻弄《ほんろう》されないで、しかも社会的な連携やきずなも大切にして生きることは難しいことです。

でも、その可能性を持った子どもたちを育てていくには、兄弟や姉妹であってもみんな異なる方法が必要になるのです。

そのような方法を知っている人が身近にいたら、子どもたちも安心して日々を楽しむことができると思いませんか？

「子育て」というものは楽ではありませんし、簡単なことではありません。

しかし、**「子どもの脳の成長のメカニズム」を理解し、「子どもの視点」で関わるスキルをたくさん身につけることで、失敗したと思っても大丈夫、ちょっと肩の力を抜いて、気楽に子育てに関わる楽しさ**を感じることができるのです。

この本を通して、そんな**「楽育」**という新たな視点で子育てを楽しんでください。

奥山　力

小児科医が教える 子どもの脳の成長段階で
「そのとき、いちばん大切なこと」目次

はじめに 1

1章 子どもの脳の成長ごとに「そのとき、いちばん大切なこと」

「子どもの脳の成長」のしくみ 14
「子どもの脳の成長」には大きく3つの段階があります 20
幼児期に大切なのは「安心感」を強く感じさせること 23
子どもがパニックになっているときは、情報を入れずに待つこと 26
「悪い子」のすすめ 29
「未熟脳」を満喫させることが、脳を成長させる 34
学童期は「ほめて受けとめられる経験」を通じて「自己評価」を高める 38

「どこでもよい子」は危険 41
ありのままのその子を、そのまま受け入れてあげてください 46
「ダメ親」のすすめ!? 48
親の直接的な関わりが必要なのは思春期までです 53
思春期に、脳は大人の入り口に近づいていく 57
思春期のアンバランスな脳は、「体験」を通じて成長し、整理されていく 60
「自分は大切な存在である」という気づきは、一生の宝物になる 64

2章 子どもの脳の成長段階ごとに「適切なコミュニケーション」

抱っこやアイコンタクトが「やる気スイッチ」をつくる 72
お父さんでもできる、赤ちゃんの泣きやませ方 75
否定も肯定もしない魔法の言葉 81
100か0かの発想にならないようにしてください 86

子どもの「問題解決能力」はあなどれません　88
否定しないで、がっかりしないで聴いてもらえることは最高の宝物　91
子どもにとって、得体の知れない恐怖感を与えてしまう恐ろしい会話　93
「言葉」と「表情」が矛盾すると、子どもは「どっちが本当のママなの？」と混乱します　96
「言葉」と「言葉」が矛盾すると、子どもは「何を信じたらいいの？」と混乱します　100
子どもに指示を出すときに、気をつけてほしいこと　105
子どもの話は、ウソでも本当でもいいという視点で聴いてあげてください　108
子どもが思ったことを話せるようになるための「大人の聴くスキル」　111
自分の話をしっかりと聴いてもらえた子は、相手の話を聴くことができます　115

3章 「ほめる」と「無視」と「ペナルティ」の効果的な使い方

なんでもかんでも、ほめればいいってものではありません　122
どんな場面が「予想外のほめるタイミング」になるのか？　128

「ほめる言葉」と「ほめる態度」によって、その効果は大きく変わります 131
「無視」とは、「子どもに意識してほしい行動」を待つための大切なスキル 134
子どもに伝わる正しい「無視」のしかた 139
「ほめる」「無視する」の対象となるのは「行動」です 145
幼児期の子どもの行動は「目的」ごとに対応する 148
同じようでも、子どもの行動は1人ひとりちがいます 156
子どもの意識に訴える、正しい「ペナルティ」の与え方 162

4章 「折れない心」は安心感があると育つ

「がまん強い子」に育てるには? 172
「ストレス」を感じるメカニズム 176
「ストレス」と「記憶」の関係 183
「トラウマ記憶」を弱めるもの 187

「ネガティブな感情の」適切な処理のしかたを覚えよう　192
「環境」は制限しても「行動」は制限しない　197
一見すると困った行動も、「子どもの視点」で考えてみてください　201
「あきらめることができる力」も大事　206
「思春期の子どもの言葉」のなかにある本当の意味　210
「回避する」というのもストレスと向き合う大切なスキル　214
ストレスと向き合ううえで、欠かせないのが「闘争」と「逃走」　221
思春期の子どもの心の叫びは「自傷行為」として出てくることも　230
子どもがおだやかになる魔法のスキル「オンリーユー」　236
「オンリーユー」をつづけていると、子どもの行動に変化がみられます　243

5章　「愛着」や「発達」の問題は、けして他人事ではありません

なぜ、「愛着障害」「発達障害」は他人事ではないのか？　250

イラスト　こやまこいこ／コルク　企画協力　おかのきんや（企画のたまご屋さん）
DTP　藤原政則

「心に傷を負った子」との向き合い方 254
「心を閉ざした子」との向き合い方 257
「愛情を素直に受け入れられない子」との向き合い方 264
「発達障害」や「発達に特徴のある子ども」の線引きは難しいからこそ 268

6章 世界一の教育先進国フィンランドで学んだ「子育てで大切なこと」

フィンランドで学んだ「子育てで大切なこと」 272
「見守る」というのは大事な子育てのスキル 278
フィンランドの子どもが学んでいる「議論のルール」 284
フィンランドの大人は、怒りそうになったら森の音を聴きに行きます 287

おわりに 292

ブックデザイン　喜來詩織（エントツ）
カバー写真　Jose Luis Pelaez Inc／DigitalVision／ゲッティイメージズ

1
章

子どもの脳の成長ごとに「そのとき、いちばん大切なこと」

「子どもの脳の成長」のしくみ

そもそも「子育て」とは？

「子育て」とは、大人のためのものではなく、子どものためのものです。

その子が本来持って生まれたオリジナリティのある自分を、成長しながら気づかせることです。大人は子どもが育つ過程に導かれれば、よいだけなのです。

そのためには、「子どもの視点」にもとづいた「適切な行動」を考えることが大切ですが、**子どものいうことを聴くだけでは逆に子どもにコントロールされてしまいます。**

コントロールされてしまっては、子どもにとってまったく成長につながらないどころか、大人にとってもつらく苦しいものにさえなってしまい、子育てが楽しくなくなってしまいかねません。

まず、この章で「子どもの脳の成長」をしっかりと理解することによって、子どもにコントロールされずに、「楽育」という楽しく子育てに向き合えるスキルをたくさん身につけてください。

「子どもの脳の成長」は、いつからはじまるのでしょう？

お母さんがおなかのなかに子どもを授かったときだと思いますか？　いいえ、ちがいます。

それは、もっとずっとずっと前のおなかのなかに授かる数世代前からではないかといわれています。

虐待で傷ついた子どもの脳の研究や動物実験からも、脳の損傷が数世代に渡り受け継がれているということがいわれています。

そんなことをいわれると、「生まれる前から脳の成長が決まっているなら、今さらがんばってもムダじゃない？」と思われるかもしれませんが、大丈夫です。

傷ついた脳でも、よいネットワークをつくり出すことで新たな成長を歩めることがさまざまな研究から少しずつわかってきました。

では、まずは「子どもの脳のネットワークのつくり方」に関してみてみましょう。

脳のネットワークのしくみ

子どもは2歳ごろになってくると、いろんなやりとりができるようになります。逆に、いうことをきかなくなり大変な時期でもあります。兄や姉がいると、お母さんにとってはさらに地獄のようなものになるかもしれません。

子どもになんとかいうことを聞かせようとほめたり、なだめたり、叱ったりとあらゆることを試みますが、結果は逆効果でお母さんのイライラもピークに達してしまうことも多いと思います。

育児本でも、この時期の対策はいろいろと書かれていますが、「子どもの脳のネットワーク」の特徴を理解していないと、大きな罠にはまってしまい、10年後に手痛いしっぺ返しを食らうことになります。

しっぺ返しどころではない本当の地獄のような日々につながることもありますの

発達期にみられる神経回路の再編成

［未熟期］　［シナプスの剪定《せんてい》］　［成熟期］

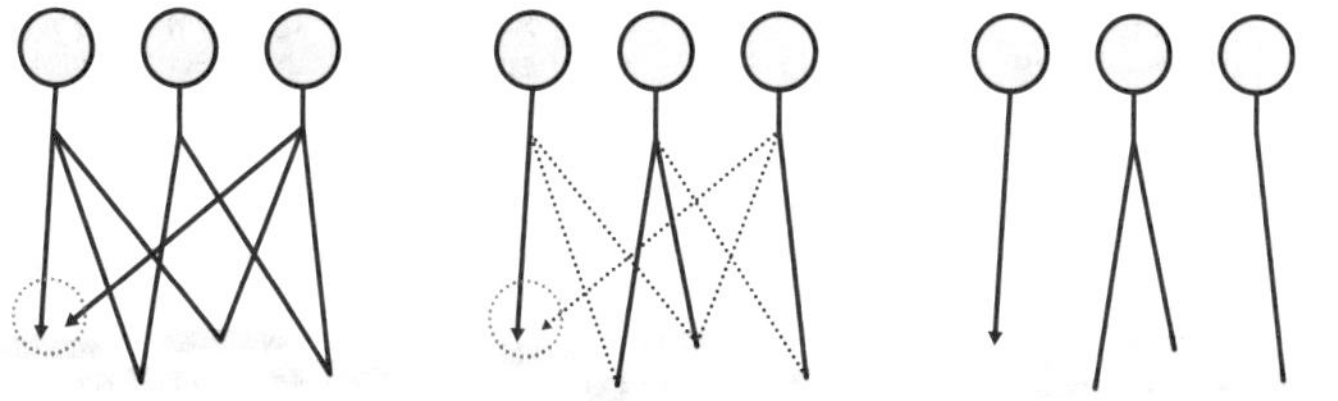

※未熟期は、1つの神経細胞が多くの神経細胞につながろうとしますが、その後、環境や経験などの外界からの刺激に応じて、強化されたつながりは残り、不必要なつながりは除去されて（剪定）、機能的でムダのない成熟した回路ができあがるのです。

で、ご注意ください。

「子どもの脳のネットワーク」の特徴を知るうえで、**「未熟脳（期）と成熟脳（期）のちがい」**と**「神経回路の編成上の問題」**が重要になってきます。

脳のネットワークは、はじめのつながりは1対1ではなく、多くのネットワークが同時につながっていきます。

「未熟脳」のほうが、はじめはいろんなところと複雑につながり、必要なところは情報が多く流れるので、より強いつながりとして残り、必要ではないつながりは情報が流れなくなることにより、はずれていきます。

そのような作業を繰り返しながら、ムダ

のない「成熟脳」へと成長していくのです（前ページ図参照）。

したがって、まずはよい悪いも関係なく**「脳のネットワークのつながる作業」**が大切なのです。

ところが、虐待のように強い抑制がかかった状態になるとネットワークがつながらなくなってしまいます。つまり、スカスカの脳になってしまうのです。

「脳のネットワーク」がつながることで、豊かな心が育っていく

1～2歳は、脳のネットワークの質が非常に向上していく時期でもあるので、ネットワークが一気につながりやすくなります。

身体的には、ハイハイから立ち上がり、走り回るというように、私たちの一生のなかでも激しい進歩

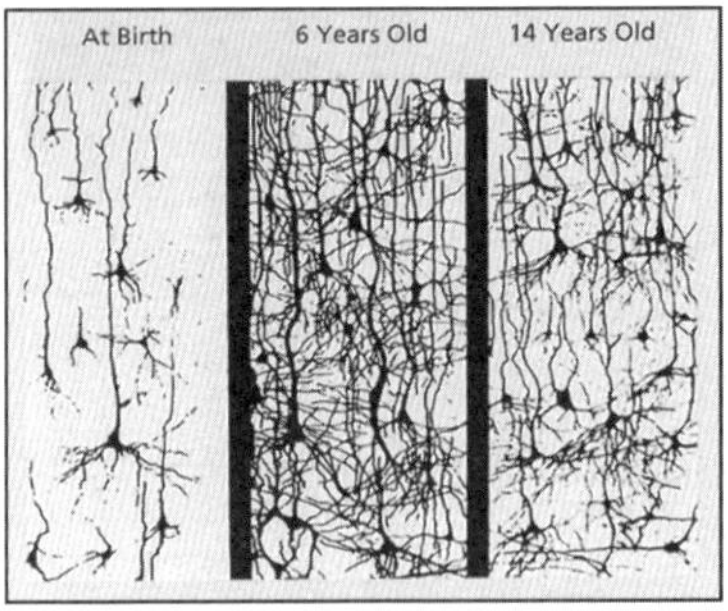

左の図は、正常な発達の子どもの脳のネットワークのつながりを示したものです。出生時は粗雑なネットワークでも、6歳ごろになるとかなり密になります。しかし、思春期を迎える14歳ごろになると、逆に剪定によってネットワークの整理が行われ、少し落ち着いた成熟した脳へと変化していく様子が見られます。
出典：ヘネシー澄子「愛着のきずなの大切さと愛着の修復について」

が見られる時期です。

さらに幼時期は、脳内のネットワークの質が急激に変化するので、ネットワークがつながりやすくなり、前ページの図の真ん中のように非常に密になりやすくなる脳の成長段階でもあるのです。

しかし同時に、大量の情報にさらされてしまうため、なかなか処理が追いつかなくなってしまい、落ち着きにくい様子もみられるのですが、大脳辺縁系《だいのうへんえん》などの感情の処理をつかさどる領域の成長もみられるようになります。

いうことを聞かない子どもの様子は、一般的には「第一反抗期」といわれています。私は脳が多感に成長することから、思春期が「第二次成長期」と呼ばれることにちなんで、**幼児期を「脳の第一成長期」**と呼んでいます。

この時期の「未熟脳」のネットワークに広がりを持たせておくことは、のちのちの自分の視点に合った脳のつながりを強化した「成熟脳」に移行する過程で重要になってきます。

「子どもの脳の成長」には大きく3つの段階があります

「脳の成長段階」ごとに大切なことは異なります

子どもの脳の成長段階は、発達する脳の領域に応じて、**「幼児期（小学校入学前まで）」「学童期（小学校高学年まで）」「思春期（小学校高学年以降）」**という、大きく3つの時期に分かれます。

それぞれの成長段階ごとに「そのとき、いちばん大切なこと」も異なります。

幼児期は、何よりも「安心させること」が基本となる時期です。

この時期は、ネガティブな表現をふくめた感情を表に出すこともとても大事です。また、くわしくはのちほど4章で説明していきますが、「環境は制限しても、行動の制限は最小限にすること」を意識してください。

学童期は、ほめて受けとめられた経験を通じて「自己評価を高めること」が大切な時期です。

前提として、「自分の話を聴いてもらえる体験」が必須になります。

また、10歳以降の思春期に入るころからは、現実的なマイナス体験を通じて「適切な行動を意識すること」と「回避スキル」のバリエーションを広げることも重要になってきます（くわしくは後述します）。

思春期は、ほめられるよりも自分の視点を認められる経験を通じて「独自の視点でチャレンジする機会を広げること」を評価していく時期でもあります。

結果を求めすぎずに、「新しいことにチャレンジする姿勢」の広がりを評価する視点で見守ってください。

親にできるのは、子どもの「生き抜く力」を育むサポート

親は「○○くんは、かけ算がもうできる」「○○ちゃんは、なわとびの二重飛びがもう飛べる」などと、つい周囲と比較して、あれもこれもと子どもにやらせようとしがちです。先へ先へと早期教育に目を光らせる親御さんもいるかもしれません。

しかし、あなたの目の前にいる子どもにとっていちばん大切なことは、なんなのでしょうか？

私は**「生き抜く力」**だと思っています。そのためには、**「子どもの脳の成長ごとに、いちばん大切なこと」を感じていくこと**です。

もちろん、これは学習や運動を疎《おろそ》かにしていいかどうかという話ではありません。学習も運動も、まず**「生き抜く力」**の礎《いしずえ》となる、自己肯定感につながる**「自己評価」**があってこそだからです。

そして、大人は**「子どもの視点」**にもとづいて、「成長していく脳のネットワーク」に合わせながら対応していくことで、子どもの「生き抜く力」を養っていくことができるのです。

幼児期に大切なのは「安心感」を強く感じさせること

「愛着障害」とは愛情不足のことではありません

「愛着」とはなんでしょうか?

以前、保育園に通われているお母さん方に、このような質問をしたことがありま す。すると、次のような意見がありました。

大切で離すことができない感情

一緒にいたい、いると安心する気持ち

心の根っこのところでギュッと結ばれている感じ
愛すること、大切に思うこと、時間を共有すること
この人なら私を守ってくれる、すべてを受け入れてくれるというような気持ちを特定の人に持つこと
大事にしようと思う気持ち
子どもを見守り温かく包み込むもの
人にしろ、物にしろ、対象を大切にしたい、失いたくないと思う心の動き

「愛着」とは非常に漠然とした印象があり、「愛情」や「大切にしたい気持ち」のように考えている方が多いようです。

「愛着」は「愛情」ではありません。

子どもが不安を感じたり、危機感を覚えるような大変な状況になったりしたときに、信頼できる人に近づいて、安心する関わりを繰り返すことを**「愛着行動」**といいます。

このような「信頼できる人＝安全基地」を中心とした「愛着行動」を繰り返すこ

とによって、**「安心感のメカニズム」**が育っていきます。それが「愛着」です。
そして、子どもが成長していくと、実際には安全基地となる人が目の前にいなくても、「内在化」といって自分のなかに「安心感」の芽を抱え込めるようになってきます。

このような**「安心感」が自分のなかに育ってくると、がまんすることができるようにもなり、ストレスを抱えながらも生きていける強さが生まれてくるのです。**
このことを子どもの脳の成長の視点から考えると、**「愛着」とは、安心を感じる脳のネットワークがうまく形成されていること**を意味するのではないかと私は考えています。

したがって、「愛着」の形成が十分でない子どもは、自分が十分に安全だと感じる世界に生きていないため、自分のなかに芽生えた不安の処理や回復が非常に難しい状態がつづいているのです。ある意味、緊張状態のなかで生きつづけているのです。
そのため、幼児期に最も大切なことの1つが、この「愛着」の形成です。

子どもがパニックになっているときは、情報を入れずに待つこと

子どもが急に「ギャー！」となったら

お母さんが保育園に迎えに来て、子どもが保育園から帰るときの様子を思い浮かべてください。

そのときの子どもは、大好きなお母さんと一緒に帰りたい気持ちと、まだまだ遊びたい気持ちの両価《りょうか》的な（あるものごとに対して相反する）気持ちの整理がつかなくて、「ギャー！」となることがあります。

この処理にさいなまれ、子どもがどっちつかずでパニックになっているのは、脳の

ネットワークが混在した状態です。

ですから、このときに「さあ、もう帰るわよ！」といって、子どもを引っ張って連れて行こうとすると、さらに脳のなかに新たな情報が加えられることになるので、結果的には、混在したネットワークはさらに乱れて悪循環となります。

このようなときは、**子どもにできるだけ情報を入れずに処理されるのを少し待つことです。**つまり、あれこれいわずに落ち着くまで見守るのです。

結果的に、そのほうが子どもは早く落ち着きやすくなり、自分自身で静まる感覚を学びやすくなります。

子どもによって落ち着くまでの時間の長さのちがいはありますが、**混乱しているときには情報を少なくすることです。**

子どもと一緒につくったルールやステップがあると、

それを守ろうとします

保育園に迎えに行くときは、徐々に遊びを終えるためのルールや、遊びから切り替えていくためのステップなどのお迎えのルーティーンをつくっていくことも1つの方法です。

この場合のルールやステップも、子どもと一緒に、子どもが実践できるかたちになるまで繰り返して試していきながら、探していきます。

親が考えるベストの方法ばかり与えてしまうと、子どもはできない自分が不安になってしまうこともあり、逆効果になってしまいます。

ルールやステップは子どもが実践できて、自信をもってやれるレベルまで下げて、安心させてあげることが、とくにこの時期の子どもには大切です
子どもと一緒にルールをつくるときには、次のような視点を意識してみてください。

今すぐ結論を求めるのではなく、「子どもの成長する脳の働きをサポートする視点で考える」ということです。

つまり、**子どもの「行動の結果」ではなく、ちょっとした「行動の変化」を意識してとらえるような視点を持てるようになることが、「楽育」にとっても大事なのです。**

「悪い子」のすすめ

子どもの脳の成長にとっては、なぜ「悪い子」がいいのでしょうか？

「悪い子のすすめ」なんていうと、「どうして自分の大切な子どもを悪い子に育てなければいけないのか？」と疑問を持たれるかもしれません。

「悪い子に育てることになんの意味があるのか？」と考えてしまうのも当然です。

しかし「悪い子」というのは、子どもの脳の成長にとって非常に重要な視点なのです。

「未熟脳と成熟脳のちがい」のところで、脳のネットワークは1対1ではなく、多くのネットワークが同時に多角的につながるところからスタートする、とお話ししました。

それ以外にも脳のネットワークには、機能的な特徴があります。

基本的な脳のネットワークの構造は、そのネットワークを「促進するネットワーク」と「抑制するネットワーク」から成り立っており、お互いに制御するようにできています（次ページの図参照）。

しかし「成熟脳」では本来、抑制系に働くネットワークが、「未熟脳」では促進系に働くのです（GABA回路）。

そのため、専門的にいえば、現時点では制御できなくなっている脳のネットワークを残しておくことが、「成熟脳」に成長したときに抑制系がしっかりと機能するようになるということがわかっています。

つまり、幼時期の子どもが「ギャー！」となるのは、多角的なネットワークの広がりでできている成長の証でもあるのです。

子どもが「ギャー！」となるのを認めてあげることで、より理性的な人間に成長す

神経回路の再編成

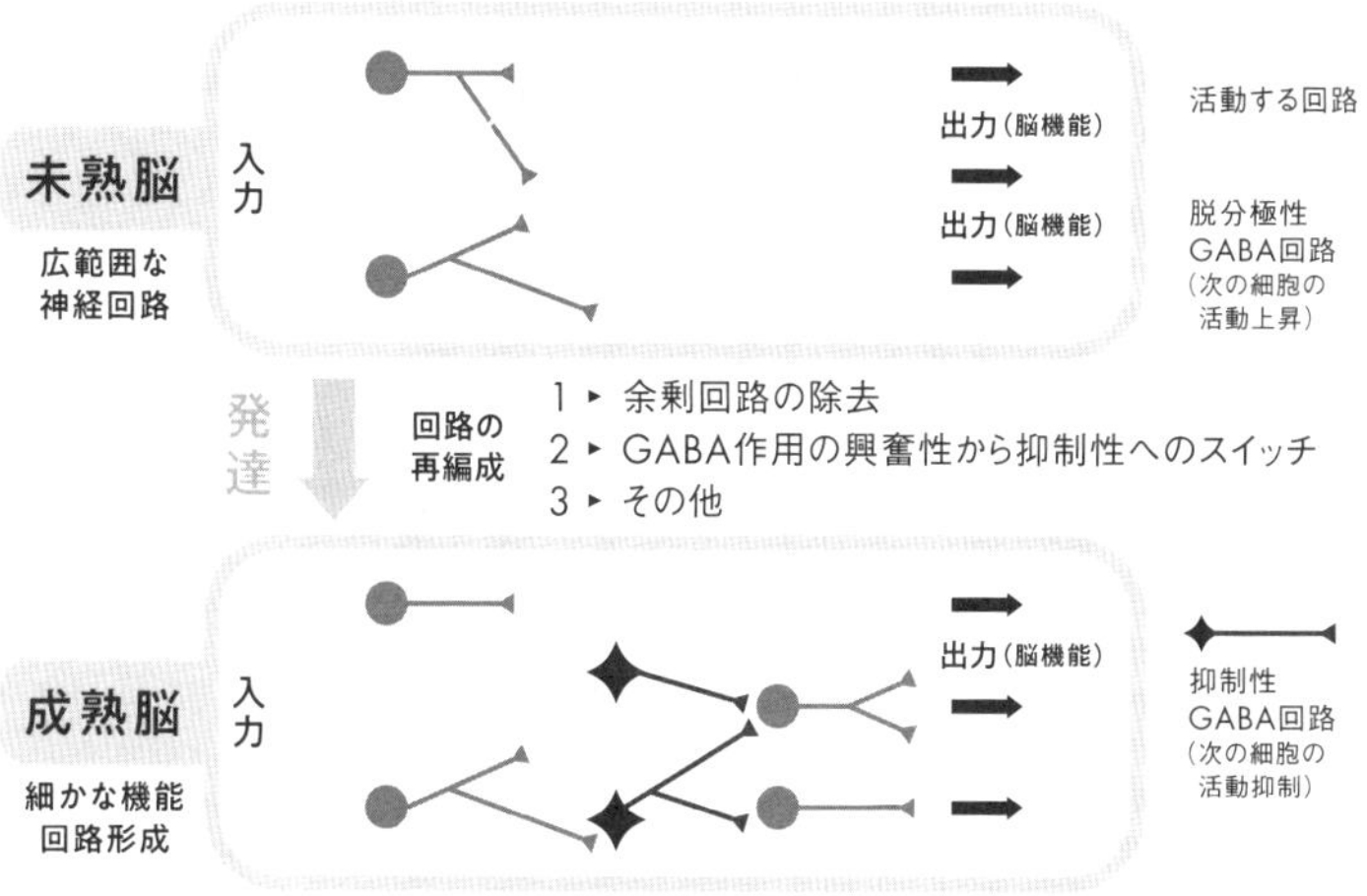

出典：「発達期における脳機能回路の再編成」（自然科学研究機構生理学研究所 鍋倉淳一）

るチャンスが与えられるということなのです。

厳しい対応は、脳のネットワークの成長を弱めてしまう

逆に、**「未熟脳」の子どもに対して、虐待をふくむ厳しすぎる不適切な対応をしてしまうと、ネットワークのつながりが粗雑になってしまいます。**

結果的に、感情のコントロールなどの抑制系のネットワークが成長しにくくなってしまいます。つまり、感情を自分で抑えたりすることが難しくなるのです。

虐待をふくむ厳しすぎる不適切な対応

をして、子どもを従わせるような関わりをつづけて、一時的に一見すると「よい子」をつくり上げてしまっても、脳の抑制系のネットワークの発達が弱くなっていきます。

さらには、脳のネットワーク自体の広がりさえ粗雑になってしまう、という大きな問題を抱えてしまうことになるのです。

そうすると、**前頭機能が発達して自我の芽生えが高まる思春期になると、感情や行動の制御が難しくなり、まだ身体の小さな幼児期とは比べものにならないほどの激しい混乱の時期を迎える可能性が高くなってしまうのです。**

思春期は、本来は脳の成長の時期なので、私は「反抗期」ではなく脳の「第二成長期」だと考えています。

これまで「自分の視点」を尊重されながらすごす体験を繰り返していた子どもは、それほど激しい反抗はなく、プチ反抗くらいですごせます。

けれども、**幼児期から思春期まで「よい子」ですごしていた子どもの混乱は、並大抵のものではありません。**養育者に向けての激しい言動や攻撃、そして自分に向けての自傷行為などと激しく表出されることもあります。

だからこそ、**子どもの成長は、ある一時期の「点〈結果〉」でみるのではなく、「線**

〈過程〉」で、さらにいえば「立体的〈変化〉」にみてほしいのです。

「未熟な段階」を認めることが、のちのちの成長につながる

「悪い子のすすめ」とは、子どものわがままのなかに、おだやかに育つ大きなカギが隠されているということです。

現時点では、いうことが聞けない子どもの未熟な段階を認めながら、しっかりと成長を見守る視点が、のちのちのおだやかな自己コントロールのしやすい脳の形成に非常に重要であることを示しているのです。

そうはいっても、人前で「ギャー！」となってしまう子どもを前に、何もしないで無視しているような態度をとりつづけることは、親にとって非常に難しいことです。

そのためには、どうすればよいのでしょうか？

それについては、このあとの４章の「環境は制限しても行動は制限しない」をはじめ、子どもとの向き合い方や具体的な方法を参考にしてみてください。

「未熟脳」を満喫させることが、脳を成長させる

子どもの脳のネットワークをつなげるために、親にできること

幼児期の子どもの脳のネットワークの目標として、興味があることをいっぱい見つけて、ある意味、よいところも悪いところもふくめてどんどんつなげていくことが大切です。

そしてお母さんやお父さんは、子どもがつなげた脳のネットワークのなかで、よいつながりは刺激をたくさん与えて強化するのを手伝ってあげ、悪いつながりに関しては、逆に刺激を与えすぎないようにしてネットワークを切断するようにしてください。

忙しいときに、お母さんがついやりがちな対応

脳のネットワークの「強化」と「切断」というと、なんだか難しいことのように思えるので、こんな場面をイメージするとわかりやすいかもしれません。

たとえば、子どもが「ねえ〜、お母さん、今日いいことがあったんだよ。聴いてよ」とせがんできたとします。

ところが、夕食の支度に忙しいお母さんは、「ごめんね。今忙しいからあとにしてね」となかなか聴いてあげられません。

どうしても今聴いてほしい子どもは、何度も何度も同じようなことを繰り返しますが、それでも聴いてもらえないと「もう聴いてくれなくてもいいよ。バ〜カ！　ブス！」といって騒ぎ出しました。

すると、「コラッ！　お母さんになんてことをいうの！」といつもの修羅場がはじまります。

ここで1つ注目してほしいことがあります。

このとき、忙しくて子どもの話を聴いてあげることができなかったはずのお母さんですが、「なんてことをいうの！」としっかりと聴いてくれているのです。

これは結果的に、子どもがネガティブな感情を言葉にしたときに、話を聴いたことになります。

つまり、脳のネットワークの悪いつながりに刺激を与えて強化することになってしまっているのです。

この場合には、はじめに子どもの話を聴いてあげられなかったとしても、子どもの悪い言葉が出たときに反応せずにじっと待ちます。

そして、悪い言葉が止まったときに、そっとやめてくれたことに対してほめてあげるのです。

「なぜ、ほめるの？」と思われるかもしれませんが、それは悪いネットワークを遮断するために刺激を与えず、「やめる」という行為に刺激を与えて強化するために有効だからです（くわしくは、3章で説明します）。

大人は「子どもの脳が成長している」という視点で見守ってください

「未熟な脳」は、やんちゃでいたずら好きで、変わったことが大好きです。しかも、大人の想像をはるかに超えた素晴らしい発想をたくさん秘めています。

一見すると不謹慎だとお母さんやお父さんが感じることでも、子どもの脳のとらえ方は異なっているので、興味津々《きょうみしんしん》です。

子どもの行動は、必ずしもお母さんやお父さんが喜ぶことばかりはしてくれません。でも、これが子どもの脳の発達には非常に大切なのです。

「今この子の脳は、きっとものすごい勢いで成長しているんだね」という視点で見守ってください。すると、いたずらとしてではなく、わくわくした気持ちで見守ることができるはずです。

と同時に、大人の見守る視点を育てていくには、**子どもにコントロールされないようにすることも重要です。**

その際、大人自身のストレスの処理のしかたがカギになります。自分の視点とは異なる子どものユニークな視点を受けとめ、拾い上げることができるようになるには、大人が自らの視点を広げることが大切です（ストレスについてくわしくは、4章で説明します）。

学童期は「ほめて受けとめられる経験」を通じて「自己評価」を高める

経験を通して、失敗もふくめて「自分」に気づき、受け入れるようになること

学童期は、子どもが興味を持ち、がんばりたいと思う学習や運動、遊びを思いっきり楽しめる環境を与えてあげることが大切です。

子どもの脳の成長を促すための基盤づくりにとって、極めて重要な時期となります。知識を増やすことや、１つのことを極めることに力を注ぎすぎるよりも、子どもが興味のあることを満喫させてあげて、いろんなことに興味を広げていく環境を与えてあげてください。

そのような経験の積み重ねで、**自分に対する「気づきの芽」**を育てていくことができるようになるからです。

親はつい先を案じて、転ばぬ先の杖ばかり差し出しがちですが、それでは子どもが、「自分ができること」と「自分ができないこと」になかなか気づくことができません。

「失敗すること」で、気づきが得られることも多いのです。子どもはその過程のなかで「自分ができること」「自分ができないこと」を客観的に知る機会を持つのです。

「できない自分」もふくめた「ありのままの自分」をそのまま受けとめてもらえてはじめて、子どもは自分の力で生きるスタート地点に立てるようになるのです。

「できない自分」も受け入れられるようになった子どもは、意識が他人ではなく、自分に向けられるようになってきます。他人との相対評価ではなく、自分に対する興味が高まってきます。

そして、「できないこと」に関しても積極的に周囲に聞くことができるようになります。

「今できないこと」も悪いこととしてとらえるのではなく、「自分ができるようになりたい目標」に変えること、つまり「大きな夢」を持つことができるようになるのです。

このように脳のネットワークの構成の基盤をしっかりとつくり上げることができるようになってきた子どもは、自分らしく生きられることに誇りを持てるようになり、自己評価も高まっていくのではないかと私は考えています。

子どもが自分で人生を歩みはじめることができるようになるためには、それを見守る親のまなざしも大切です。

それは今、目の前にいる子どもが「自分に対して興味を注げる目を持っているのか」、それとも「他人の目を意識しすぎてしまい、自分に対する気づきがおろそかになってはいないか」を見極める視点です。このような視点も、「楽育」では大事です。

「どこでもよい子」は危険

「よい子」というのは、子どもの脳の成長にとってよいわけではありません

あるとき、子どもとのつらい現状を話してくれたお母さんがいました。

うちの子は、小学校5年生くらいまでは、何も不満をいわずに両親のことをよく聞いて、よい子だなあという印象でした。

父親も子育てに協力してくれることもありましたが、厳しく手をあげることもあり、私との方針のちがいにとまどうこともありました。

なぜか小学6年生のころから不登校の傾向がみられるようになり、中学生になると自分の自信のなさを強く訴えるようになって、学校もまったく行けなくなってしまいました。

そして、「自分がこうなったのは、親がすべて悪い対応しかしなかったからだ」と、親である私を責めることが多くなってきたのです。

さらに「昔のことを思い出しては死にたくなる」といい、自己嫌悪《けんお》感がどんどん高まってきました。

そのころから、リストカットや大量服薬などを繰り返すようになり、「もっともっとおまえを苦しませてやる」と、いうようになってきました。

私は、この子のことを今までだれにも相談できませんでした。してもどうにもならない。でも逃げることもできない。自分がおかしくなりそうです。

なぜ、何ひとつ不満もいわずによい子であったのに、こんなにも豹変《ひょうへん》してしまったのでしょう？　いったい、私たちはどのように子どもに向き合えばよいのでしょうか？

就学前後の時期に、私が最も注意しているのは、幼稚園や保育園、小学校、自宅などで「どこでもよい子」です。

まだ「未熟脳」の子どもは、その時点では、大人の視点とは異なっていて、行動の意味合いも十分わからないまま行動している部分も多いので、ある意味、悪い行動をしてしまうのも当然です。

しかし、**すべての局面でよい子は、「自分がよい子でなければ認められない」という視点を強く意識しすぎていることが多いのです。**「よい子でなければいけない」と考えていることで、そこには子どもが本来持っているものが反映されなくなっています。

そして、このような状態の脳の働きは、ネットワークが多角的に広がっていかずに、やらなければいけない「結果」ばかりを意識しすぎてしまいます。

「よい子」にという押しつけが、思春期に反動となる可能性も

大人の望むような行動をするよい子は、大人にとって都合がよい子かもしれません。大人側の視点からは、「手のかからないよい子だからいいじゃないか」と安易に受け入れてしまうかもしれません。

しかし、この時期に「よい子」にみえればみえるほど、のちのち恐ろしい変化が想定されるのです。

思春期になると、思考や記憶、感情、行動の制御をつかさどる前頭前野のネットワークの感度が高まるために、脳のネットワークも主体的につながりやすくなります。すると、この領域に関与した「自我」が芽生えてきます。

しかし、「自我」が芽生えてくると、本来自分が進むべき道と、今まで大人によって歩まされてきた道が異なっていれば異なっているほど、子どもは迷子のように、どこに進んで行けばよいのかわからなくなって混乱してしまうのです。

子どもがそんな混乱を起こさないようにするためにも、脳の発達段階にもとづいた、**「子どもの視点」**の理解と、それに合わせた対応が早い時期から求められるのです。

「よい子」というのは、必ずしもよい成長では決してありません。**「どこでもよい子」の脳内は、ネットワークの広がりが遮断された危険な状態だからです。**

「どこでもよい子」が思春期を迎えると、なかには感情のコントロールが難しくなって、自宅で大暴れをしたり、自傷行為がエスカレートしたり、服薬が必要になったり、入院が必要になってしまう子どもたちも大勢います。

幼児期と比較すると、身体的にも大きく成長しており、精神世界の広がりもみられているため、思春期の子どもへの対応は並大抵ではありません。

それでもあなたは、お母さんやお父さんのことをよく聞く、受動的な「よい子」を育てようとしますか？

それとも自分の意志で行動できる、必ずしも思いどおりにはならないけれど、能動的な強い子を育てたいと思われますか？

子どもの思春期時代と関わっていくには、親御さんにも覚悟が必要ですが、それでも「思春期の脳の働き」について学ぶことで、思春期の対応のバリエーションは広がります（このことは「思春期の子どもの成長の特性」のところで、よりくわしくお話しします）。

可能なら、まだ幼児期や学童期に、子どもが興味を持ち、がんばりたいと思う部分に合わせた対応をしてあげてください。

必ずしも、幼児期や学童期は大人が思う「よい子」ではないかもしれませんが、**己を知り、それにもとづく行動を育ててあげることによって、その子自身の「自己評価」は高まっていきます。**

ありのままのその子を、そのまま受け入れてあげてください

学童期も「安心感を育てること」が脳の成長の源となる

学童期の後半になると、脳内の各部位のネットワークが急激に増殖します。そして思春期に入ると、脳のネットワークの「剪定（刈り込み）」が進み、より機能的な「成熟脳」へと成長していきます。

安心をつかさどる「愛着」がしっかりと形成されているのか、「ストレスに対する耐性」がしっかりと育っているのかなどが、思春期までの大切な課題となります。

とくに「愛着の形成」が十分でない子どもには、思春期までにしっかりと受けとめ

られる段階を経ているかどうかが非常に重要になってきます。

強いストレス状況のもとだと、脳の「海馬」の機能が低下してしまうため、記憶の形成も阻害されてしまいます。そのため、経験から失敗や成功を学ぶことができず、同じ過ちを繰り返してしまいます。また、「愛着」が形成されていない子どもは、人間として生きる根源的な問題にさいなまれてしまいます。

だからこそ、**思春期に向けて脳を自律的に成長させていくには、学童期にもまず幼児期の目標である「安心感を育てること」が源となるのです。**そして、**思春期前のこの時期に、再度べたべたと甘えるような行動で安心感を確認しようとする子どもの行動は、しっかりと受けとめてあげることが必要なのです。**

学童期は、子どもが興味を持ち、がんばりたい気持ちに合わせた対応が必要です。知識よりも「気づきの芽」を育てていく時期でもあります。その過程のなかで己《おのれ》を知り、それが自己評価の高まりにつながっていくのです。

ありのままの自分をそのまま受けとめてもらえて、はじめて子どもはそのスタート地点に立てるのです。その結果、子どもは「私はこれでいいんだよね」という気持ちになれるのです。

「ダメ親」のすすめ!?

子どもが「自分で気づけた」と思えるように、親は黒子になる

思春期前までに育ってほしいこととして、「ありのままの自分を受けとめられていること」以外にも大切なことがあります。

それは、**「自分は何ができないかではなく、どれだけできるのか」を気づかせてあげることです。**

そのためには、親は「結果」ではなく、**そこにいたる「変化」を子どもが「自分で**

気づけた」ように思わせるようにするのです。

「自分で気づけた」という意識は、脳のネットワークを広げ、「自己評価」の高まりにもつながります。

スキがない親だと、子どもは話しかけにくいです

では、子どもが自ら気づき、脳のネットワークが広がるような声がけをするにはどうすればよいのでしょうか？

「自分で獲得できた」という感覚を持たせること、つまり、**子どもに手柄を与えることです。**そのためには、親として「黒子」になることも大事です。

「黒子」というと、なんだか陰から見守っているだけのようで、親としてはなんとも寂しいように思えますが、あくまでも子育ての主体は子どもです。

子どもが自ら気づく経験を積むには、親が前面に出すぎてはいけません。

親がサポートをしていることに子どもが気づかないようにするには、一見すると「ダメ親」くらいのほうがよいのです。

しかも、「ダメ親」のほうが、子どもは安心して自分の主体性をもって、ものごと

をとらえやすくなります。

子どもが安心感を抱くには、「完璧な親」はむしろ逆効果です。素晴らしい、尊敬に値すると思われている親に対しては、どんなにやさしそうにみえても、子どもは話しにくくなってしまいます。

子どもは「できない自分」が、「できる親」を傷つけてしまうのではないかと思うと、親に話すことがつらくなってしまうこともあるのです。

ただし、ダメすぎるのにも限度があるので、適度にスキのある部分を見せてあげてください。

私が娘に「ダメ親」ぶりを発揮したある出来事

これは、当時小学5年生の娘との海外での二人旅の最中のことです。

私は体調を崩してしまい、朝からボーッとしていました。そのせいで、海外の田舎町で、目的のお店を記した大切な地図をどこかに落としてしまったのです。

しかたがないので看板を頼りに、娘と2人で目的のお店を探しました。

ただ、この国はフランス語圏の島であったため、片言の英語さえ通じない場所で、看板を見てもちんぷんかんぷんでした。
2、3時間、四方八方歩き回って散々探したけれど目的地は見つかりません。そこで恐る恐るですが、近くにいた人に声をかけました。
が、案の定、相手はフランス語しか話せず、まったく通じません。

いろいろな人に何度か声をかけていくうちに、フランス語と英語のバイリンガルの方が見つかり、なんとか目的の店に案内していただくことができました。

案内してくれた方は、たまたま日本にも来られたことがあるということで、話もはずみました。


その後、ようやく目的の店に到着しました。

ところがです。お店の方に「今から昼休みになったので、3時間後に店に来てください」といわれてしまったのです。

やっとたどり着いたので、私は「ちょっとだけでも見せてください」といいましたが、そんなことは通じないお国柄のようでした。

結局、合計3、4時間は歩きつづけていたので、さぞかし娘もがっかりしているだろうと思いながら、恐る恐る娘の顔をのぞき込みました。

するとと娘はニコニコして、こういうのです。

「お店の場所もわかったから、またあとでくればいいね。地図はなくしてしまったけれど、おかげであんなにいい人に巡り合えて道案内までしてもらえて、お父さんよかったね。楽しそうに話していたもんね」

ぼやっとあたりを見回しながら、ちょこまかと私の周りを歩き回っているだけのようにみえた娘が、こんな気持ちで私のことを見てくれていたなんてびっくりです。

自分の不注意から大切な地図を落としてしまい、娘にも不安な気持ちを味合わせたことで申し訳ない気持ちでいっぱいの私の気持ちを、一瞬で払しょくしてくれる言葉でした。

それ以外にも娘との二人旅は、ハプニングの連続で、命の危険にさえさらされそうなこともありましたが、そのつど娘の成長に助けられることがありました。

これは演じたわけではないダメ親ぶりでしたが、子どもの成長を感じた出来事でもあります。

親の直接的な関わりが必要なのは思春期までです

思春期以降、親はよりサポートする存在となってください

思春期は、子どもの視点をサポートする「黒子」としての親の存在が、より重要になります。

同時に、思春期の前までのいくつかの課題の達成度合いが、思春期の心性に大きな影響を与えると考えられています。

子どもが、思春期に自分の意思で歩みはじめるスタート地点に立つためには、これ以外に、「脳の発達の視点」も大切になります。

思春期で、それまでの育ち方が「脳のネットワーク」にも表れる

まず思春期に至るまでの大きなポイントの１つは、脳内のネットワークの形成が豊かに育っているのか、それとも粗雑な状態のままなのかということです。

つまり、脳のネットワークを構築しなければいけないような安心面での課題が、まだまだ残されている状態にあるのか、それとも自立に向けて剪定をどんどん進めて整理していける段階にあるのかどうかを知ると

脳の各部位の容積の経時変化

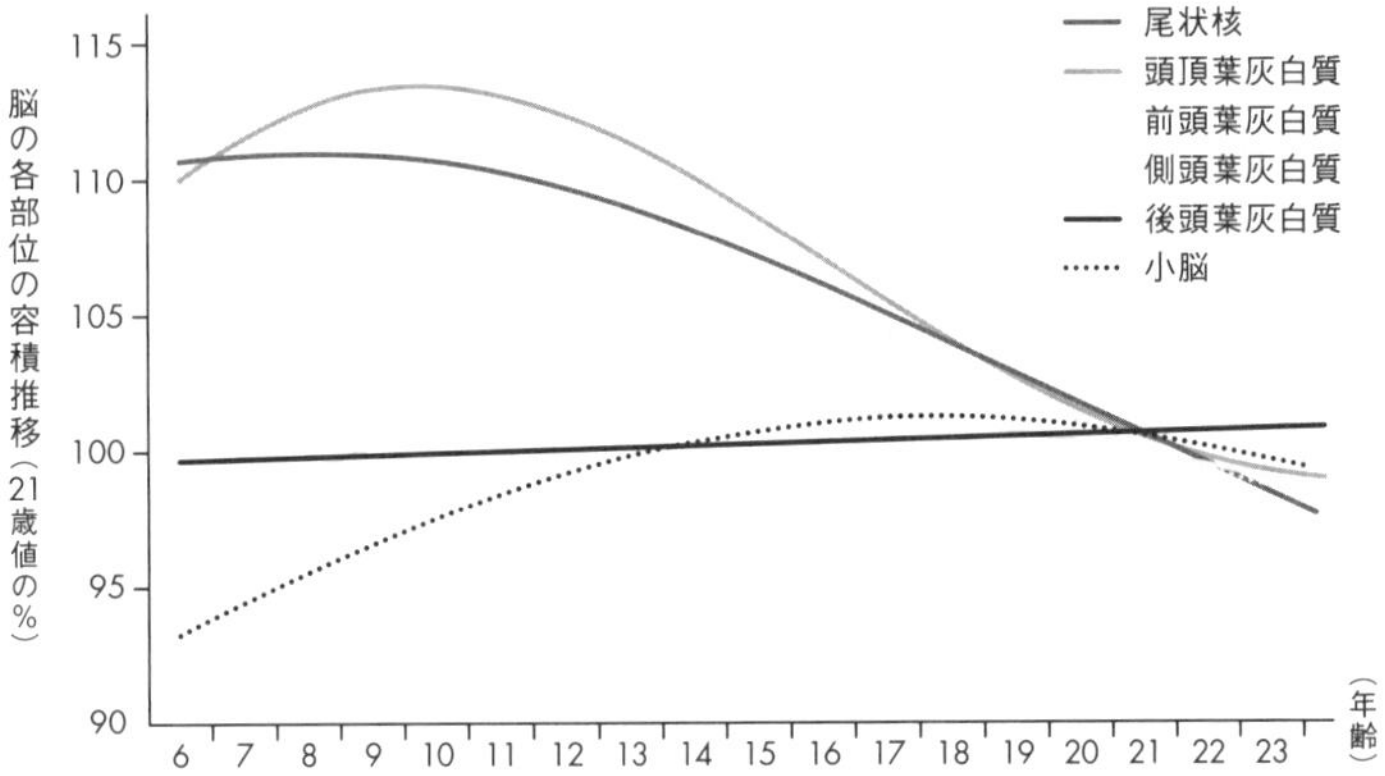

※脳の各領域の灰白質領域の経時変化は、思春期前に最大となり、その後剪定が行われ、容積が減少していることを示しています。出典:アメリカ国立衛生研究所 Giedd

いうことです。

そのため、思春期前までの子どもには、他者評価としてのほめられるという行為よりも、**「認められる」という過程を通じての「自己評価」を高めることが大切になってきます。**

学童期に、ほめられて、たっぷり「安心感」を育み、「自己評価」を高めてきた子どもは、豊かなネットワークを駆使しながら、自由な発想で新しい世界へチャレンジしていくエネルギーを手にすることができます。

それは、ときには危険で困難なものであるかもしれません。しかし、安心感の芽がしっかりと育っている子どもは、自分を大切にすることの意味を理解しているので、自分が抱え込めない危険には飛び出してはいきません。

逆に安心感の芽が育っていない子どもは、自分が大切な存在であることに気づいていないために、ときには無理難題や、危険な領域にまで飛び込んでしまいます。

思春期の不安な気持ちを抱えている子どもには、認めてあげながら、まずはしっかりと安心させられるような基盤づくりにエネルギーを注いであげる必要があります。

子どもはこの時期でも、まだまだ未熟な段階を満喫させることで、脳の周辺のネットワークを鍛えることにもなり、行動や理解のバリエーションも広がっていきます。

ある意味、結果だけではなく、一見ムダと思えることに邁進《まいしん》している姿も、思春期の脳のネットワークを広げるという視点からは大切なのです。

思春期に、脳は大人の入り口に近づいていく

思春期に、脳のネットワークの刈り込みが行われる

思春期がはじまる少し前から、前頭前野の「実行」に関与する機能（外側部《がいそく》）、「意思決定」や「耐性」などに関与する機能（眼窩部《がんか》）、「共感する力」にも関与する機能（内側部《ないそく》）を主体に脳のネットワークが急激に広がりを増していきます。そして思春期になると、脳内のネットワークの剪定（刈り込み）が盛んに行われます。

判断、意思決定、計画、想像、記憶、学習、集中、抑制なども関連して「脳の司令塔」とも呼ばれる前頭前野の感度が高まる思春期は、必ずしも一般的な反抗期には

なりません。

これまでの「感情の理解」と「記憶」が統合整理される時期でもあるので、弱いネットワークは剪定され、強い結合がより強化されることになるのです。

つまり、**子どもの脳にとって成熟に向けての大きな発達期にもなるのです。**

とくに「高度な論理的な思考」と、「行動の抑制」に必要な背外側《はいがいそく》前頭前野の領域が大きく変化をするといわれています。


思春期は「共感する能力」が育つ時期でもあります

また、思春期は「対人関係」の場で積極的に働く領域の1つでもある内側《ないそく》前頭前野のネットワークも非常に成長する時期でもあります。

そのため、非常に強い自意識にともなうストレス反応もみられることもあります。

また、内側前頭前野は、無生物を扱っているときには働かない領域であるといわれていて、激しいリンチや戦争のときに行われるような非人道的な行為が、どうして人間にできるのかということにも、この脳の領域の働きが関与しているといわれています。

非人道的な行為が行われる状況では、内側前頭前野が、人を人としてとらえる働きをしていないのだそうです。

つまり、この領域が作動しなくなってしまうと、相手の苦しみに共感できなくなってしまうため、非人道的な行為が行われるのではないかと考えられているのです。

したがって、思春期にはこの領域を成長させて、**人を人として共感的にとらえることができる力を育てていくこと**も大切です。

その成長が、大人の入り口に近づく一歩にもなるのです。

思春期のアンバランスな脳は、「体験」を通じて成長し、整理されていく

思春期に感情のバランスがとりにくい理由

少し専門的な話になりますが、思春期は側坐核《そくざかく》を中心とした「報酬系のネットワーク（脳の快感に関する分野で、自分の欲求が満たされたとき、気持ちよさ、幸福感などを引き起こす）」が非常に成長する時期だといわれています。

しかし、「抑制系」や「耐性」にも関与する前頭眼窩野の成長は、逆にまだまだ未熟な状態だといわれています。

そのため、「報酬系」の成長にともなって、欲求に対する情動が高まりやすいわり

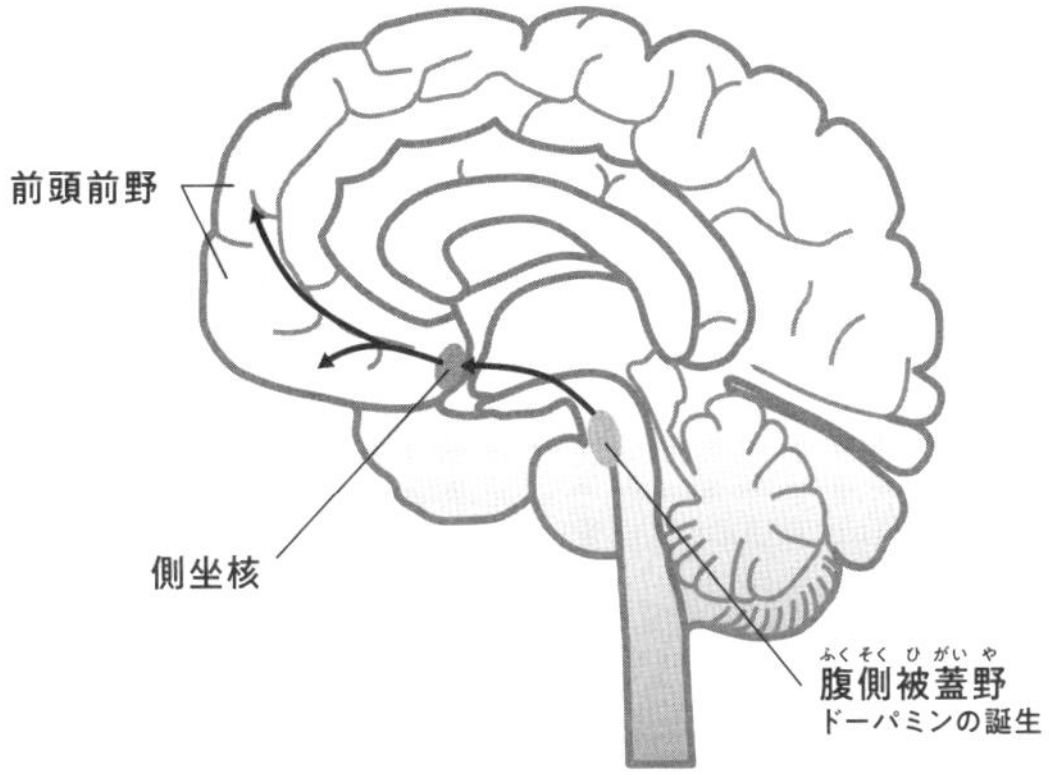

報酬系のネットワークは、腹側被蓋野からドーパミン神経系の刺激を受けた側坐核から前頭前野に向けてのドーパミンの放出によって機能します

には、耐性にも関わる前頭眼窩野の成長が未熟なために、自己制御が難しいというアンバランスが大きな課題となってしまいます。

つまり、**やりたい欲求が高まりやすいのに、うまく制御できないために、調子に乗りすぎてしまって、大きな失敗を起こしやすくなるのです。**

思春期の複雑な脳の働きを端的に表すことは難しいのですが、脳のいろいろな領域の均衡がうまく保たれていないことに問題があるようです。

そのため、**思春期の子どもには、大人が選択肢は与えても、自己決定を尊重し、失敗しながらも意識的に自己責任の芽を育て**

ていくことが大切になります。

思春期に子どもの「適切な行動」を育んでいくためには、未熟な脳への対応が、まだまだ必要な段階でもあるわけです。

正しいことを強要するのではなく、いかに「適切な行動」を自らで意識できる環境を提示できるかが、この時期の脳の成長には必要です。

言葉で正しいことを示唆《しさ》するよりも、体験などを通じて本人に体感させることのほうが、本質的な理解につながっていく可能性が高いのです。

思春期は、親から巣立つための準備期間

思春期は、「同世代の集団のなかでの価値観の優先順位」に対する意識が高まります。

中学校や高校などで、自分がどのような立ち位置にあるのかを自覚していくこともその1つです。

また、「親子間の問題点が子どもにも客観的にみえてくる時期」ともいわれています。そのため、思春期の前と比較して、親があれこれいって子どもを修正するのは逆に難しくなる時期でもあります。

いわば、自分のことを知り、自己評価の高まりとともに、適切な自己の居場所を模索することができるようになってくる準備期間でもあります。

正しいことを教えるだけではなく、「子どもの視点」での未熟な段階に共感したうえで受けとめてください。

そして、**子どもが自分の得意なところだけではなく、苦手なところも知っておくことのほうが、自己評価は高まるということも覚えておいてください。**

思春期には、これまで親が抱いていた子どもの印象が大きく変わることも多く、ある意味、親から巣立つための大事な時期ともいえます。

「自分は大切な存在である」という気づきは、一生の宝物になる

自己評価の低さは、生きづらさにつながる

自己評価が低いと、自分の行動さえも制限してしまいます

以前、いじめで苦しんでいた子が、こんなことを私に話してくれました。

「死にたくても死ぬことさえ自分には許されません。病気などで明日を迎えたくても迎えられない人のために罪の意識を感じてしまうからです」

また、苦しみながら自分を傷つけてしまっていた子が、こんなふうに話してくれたことがありました。

「この自分につけられた傷は、自分自身でもあり罪でもある。だから、この傷が癒えると不安になってしまうので、新たな傷をつけてしまうんです」

最近の研究では、いじめや虐待による脳の実質的な損傷の問題も指摘されています。そのために、自己評価が低くなってしまった子どもは、大切な存在である自分自身を傷つけていても、気づくことが難しくなってしまうのです。

思春期に、このように傷ついてしまった子どものネガティブな感情に対して、大人はどのように向き合えばよいのでしょうか？

まず、**「子どもの自己評価を高め、他者からコントロールされつづけないように「自己コントロール力を高めること」を意識しなければいけません。**

思春期の子どもの自己評価を高めるには、内側前頭前野や前頭眼窩野などをふくんだ前頭前野のネットワーク機能を高めることです。いわば、創造、記憶、コミュニケーション、感情のコントロールなどの役割を担う前頭前野を活性化させるのです。

そのためには、愛着形成のような安心感を育てるネットワークがしっかりと育っていることが前提となります。

そのような状態になってはじめて、自分に意識が向けるような環境づくりができるようになるからです。

「自己コントロール」は、「身体のコントロール」を自覚できると意識しやすい

自己評価が高まると、他者よりも自己に対しての意識が高まりやすくなります。そして、他者をコントロールしようとすることよりも、「自己コントロール」に意識が向きやすくなります。

ただし、「自己コントロール」といっても、不安や緊張などの「情動のコントロール」や「自分を取り巻く環境のコントロール」など、いろいろとコントロールすることの難しさも領域によって異なります。

「自己コントロール」の領域のうち、比較的意識しやすいものの1つとして「身体の

コントロール」があります。

「身体のコントロール」を自覚できると、「自己コントロール」も意識しやすくなります。

幼児期から学童期の子どもは、自由で危険な遊びをすることで「身体のコントロール」を自覚します。

「危ない」と感じながらの運動は、身体のなかの深層筋《しんそうきん》を無意識に緊張させ、体幹を強くし、身体をコントロールしやすくしてくれます。

幼児期から学童期に、自由に楽しく遊ばせることによって、思春期に大切な前頭前野にも大きな刺激を与えることができるといわれています。

また、たくさん歩くことで、嗅内《きゅうない》皮質の格子《こうし》細胞を刺激し、脳のGPSの働きをする「海馬」の場所細胞を働かせることにもつながります。このような動きによって、脳内の地図が書き換えられ、作業記憶の発達にも影響をもたらすといわれています。

ただし、歩くことに関しても、寄り道をしながらなど自由な環境を楽しむことが大前提となります。

思春期以降の子どもには、より意識的な運動が大切です。どんな運動をするのにも重要な体幹の働きを意識したトレーニングや、ケガをしないで力が発揮できるような正しい姿勢を意識してください。

私は、中学校や高校で部活を楽しんでいる子どもたちや、ジュニアアスリートとして専門的に運動に取り組んでいる子どもたちを対象に、ピラティスで使用する運動機器などを使って、医学的に正しい身体の使い方や体幹の使い方を指導する機会がありました。

自分の動きを顧《かえり》みて自己修正を図りながら、自分の身体の動きを理解することを主眼とした取り組みです。このときの子どもたちの楽しそうな姿は忘れられません。

実際に運動の体験を通じて、子どもたちからは次のような声がありました。

「自分の身体と相談しながら、できることをするのが大切だとわかりました」
「運動する前と運動したあとの動画を見て、ちがいが目に見えて実感できました」
「地味な動きのトレーニングでしたが、身体の筋肉をとても使ったように感じました」

「今までやっていた運動とまったくちがう感覚でした。正しく身体を使うことは難しいことだということを、身をもって実感しました」

身体を使って、自分は何が苦手で、どのようなところを強化したり、ゆるめたりすればよいのかを知る。

やらされるのではなく、自分の意思で自分をコントロールする術《すべ》を学ぶことで、子どもは、さまざまなことを意識的に感じてくれることがわかりました。

そうやって自分の身体の使い方を客観的に知ることによって、「自己コントロール」を楽しみながら、多くのことを発見していくのです。

そして、子どもに「結果」だけではなく、自分の「変化」に強く意識を向けさせることができると、この経験からあらためて感じました。

このような意識が、その後の大きな成長につながっていくのです。

大切なのは、「何ができたか」という結果ではなく、**「自分が感じている目標に向かって近づいている」という感覚を意識できたかどうかです。**

相対的な数字ばかりを意識しすぎてしまうと、結果を出せない自分を、責めたり苦しんだりしてしまうことになります。

自分をコントロールしていることを楽しんで、変化し成長できる自分を感じられるようになると、自分を好きになるきっかけにもなると思います。それが「自己評価」の高まりにも通じてくるはずです。

2
章

子どもの脳の成長段階ごとに「適切なコミュニケーション」

抱っこやアイコンタクトが「やる気スイッチ」をつくる

「やる気スイッチ」の育て方

「やる気スイッチ、君のはどこにあるんだろう〜」

これはテレビのCMで流れているフレーズです。

ところで、「やる気スイッチ」って本当にあると思いますか？　それとも誇大広告でしょうか？

しっかりと「やる気スイッチ」は存在しているのです。それはどこに？

脳の「側坐核」というところにあります（次のページの図参照）。

報酬系 ⬅ やる気スイッチ

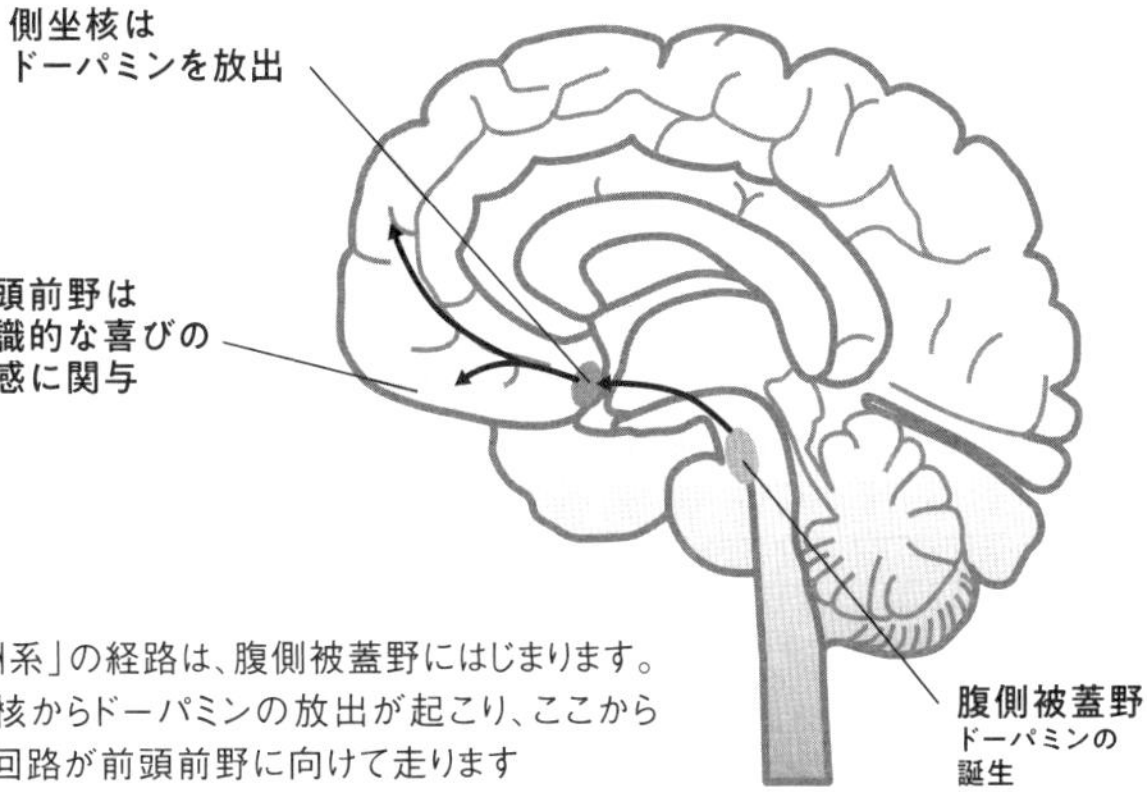

「報酬系」の経路は、腹側被蓋野にはじまります。側坐核からドーパミンの放出が起こり、ここから報酬回路が前頭前野に向けて走ります

このスイッチを押すと「ドーパミン」という物質が放出され、気持ちよさや幸福感と関連する「報酬系」という回路を動かし、やる気が生まれてくるのです。

とはいっても、ここではまだ「やる気スイッチ」を押そうという話をしているわけではありません。

ただし、「やる気スイッチ」を押しやすくする方法が、赤ちゃんの時期にたくさん隠されていることはわかっています。

また、「やる気スイッチ」があっても、固くて押しにくいスイッチより、簡単に押せる柔らかいスイッチのほうが断然によいとは思いませんか?

そのためには、専門的にいえば「報酬系

のネットワーク」をつながりやすくすればよいのです。

では、具体的にどうすればよいのでしょう。脳内のネットワークとネットワークをつなぐときには、その間に物質を取り込む「受容体」というものが必要になります。この「受容体」が多く存在すると、そのネットワークはつながりやすくなります。

乳幼児期の子どもへの抱っこやアイコンタクトという行為は、報酬系をつなぐ「μ（ミュー）オピオイド受容体」という物質を増やしてくれることがわかっています。

つまり、**たくさん目を見て、いっぱい抱っこしてあげることは、この時期の赤ちゃんの脳を育てて、のちのちの「やる気スイッチ」を増やせる効果まで期待できる**ということなのです。

抱っこは、抱きぐせがつくので控えないといけないとされていた時期もありました。しかし、これは戦後のアメリカの働きかけがあって行われた政策の1つで、その後、アメリカでは修正されましたが、日本にはそのまま残ってしまった悪しき慣習です。

ただし、スマホでゲームをしながら抱っこはしないでください。今目の前にいる、この子の目を見て抱っこしてあげることが、のちのち大きな財産になるのですから。

お父さんでもできる、赤ちゃんの泣きやませ方

生まれたばかりの赤ちゃんをみているお母さんは大変。そこでお父さんは⁉

生まれたばかりの赤ちゃんは泣くことが仕事です。いろんなことで、またはまったく意味もなく泣いています。

一方、3か月未満の赤ちゃんを見ているお母さんは、性ホルモンの低下による情動の不安定さがあったり、まだ睡眠周期も確立していない赤ちゃんと向き合うことで眠れない日々がつづいていたりして、本当に大変な時期をすごしています。

こんなとき、赤ちゃんが泣き出したら、お母さんには冷静に対応することなど不可能です。

お母さんは毎日が悪戦苦闘で、昨日の経験が今日に活かせないような出来事がつづきます。そこで、おっぱいが出ないお父さんも、抱っこをしたりおむつを替えたり、必死にお手伝いをしようとがんばります。

しかし、泣いている赤ちゃんは、ミルクを飲ませようとしても飲んでくれない、おむつを替えても、あやしてもまったく泣きやんでくれないことは日常茶飯事です。

もうやれることがなくなったお父さんは、早くもお母さんにバトンタッチ。お母さんだって同じ気持ちなのに、押しつけられてご機嫌斜め。

お父さんは、赤ちゃんにもお母さんにも否定されたようになってしまい、役立たずのような寂しい気持ちで、居場所もなくなり、肩身の狭い思いをしてしまうかもしれません。

お父さんがヒーローになる「赤ちゃんが泣きやむ方法」を教えます

こんなとき、お父さんを救える方法はないのでしょうか？

この時期の赤ちゃんは、まだお母さんのおなかのなかにいるときの胎児記憶が残っています。それをうまく利用すると、お父さんは一躍ヒーローになれます。

その魔法が、アメリカの小児科医のハーヴェイ・カープ博士の考えた「Shushing」という方法で、私も実践しています（カープ博士は、そのほかにも子育てに関するいろんなアイデアを教えてくれています）。

赤ちゃんは、お母さんのおなかのなかにいるときに、落ち着いたお母さんの心臓の音を聞いて、安心して眠りについていています。

3～4か月まではその胎児記憶が残っているので、その音を聴かせることで赤ちゃんを安心させて泣きやませるのが「Shushing」という方法です。

やり方としては（次ページのイラスト参照）、赤ちゃんの顔を左の心臓側に寄せて横抱きにし、左手で背中の上部から後頭部をしっかりとお父さんの大きな手で支えてあげて、右手で身体全体を大きく包み込みます。

その後、しっかりと赤ちゃんと目と目を合わせながら、耳元に向かって比較的大きな声で「シューシーシューシーシューシーシー」と何度も繰り返します。

すると、どうでしょう。あれほど泣いていた赤ちゃんがピタッと泣きやみ、きょとんとしたびっくりしたような表情でこちらを見つめてくれます。

そしてしばらくすると、心地よさそうに眠りについてくれることもあります。それでも音を徐々に小さくしながら「シューシーシューシーシューシーシー」はつづけていきます。不思議な感じがしますが、試してみてください。

何がなんだかわからずに泣いていた赤ちゃんが、ピタッと泣きやむのですから、お父さんの株が、上がらないはずがありません。


お父さんは子育てを手伝いたくても、何をすればよいかわからなくて結果的に赤

ちゃんと距離をとりすぎてしまうこともあると思います。

私は、クリニックの外来に来たお父さんに、こっそりこのやり方を教えてあげています。あえてお父さんに教えてあげることで、お父さんが自信満々な笑顔を取り戻し、お父さんの大切さを感じてほしいからです。

調子に乗りすぎたお父さんは、ときにはうざったく感じることがあるかもしれません。しかし、お父さんを子育てに巻き込むことで、その後の子育てのバリエーションが格段と広がります。お母さん、なんとかお父さんも子育ての仲間に入れてあげてくださいね。

お母さん以外だと泣いてしまう赤ちゃんには、どうしたらいい？

1歳前後の子どもには、お母さん以外の人が近づくとワーッと泣き叫んでしまうような、「人見知り」といわれる行動があります。

その時期の子どもは、泣くことで不安な感情を回復・処理する過程を経験していきながら、安全な人は誰なのかという「愛着」の対象を確認していきます。

これは安全を感じる非常に大切な反応ですが、お父さんにとっては何をやってもうまくなついてくれず、ちょっと寂しく感じてしまう行動ではないでしょうか。

「お父さん、嫌われてる〜。やっぱりお母さんよね〜」と、お父さんの心が折れそうになる時期かもしれませんが、安心してください。

お父さんが無理やりギューと抱きしめたりするなど、子どもの安全な距離に強引に踏み込まなければ、だんだん安心の対象が広がり、子どものほうから徐々にお父さんのほうに寄ってきてくれます。

その後、子どもは「愛着」の対象であるお母さんからちょっと離れては戻ってくるというように、少しずつ距離をとりながら安全な距離感を広げていきます。

このように、**子どもの不安な気持ちを抱えながらも距離感を広げていく過程は、何もいわずにしっかりと見守っていくことが非常に大切です。**

距離感をとり、指示的なアプローチをせずに見守って遊ぶことは、日本の環境のなかでは、お母さんよりお父さんのほうが適任なこともあると私は思っています（6章のフィンランドのお父さんの「見守る子育て」の項目も参考にしてください）。

否定も肯定もしない魔法の言葉

子どもは、まだ自分の思ったとおりに感情を表現できません

子どものいうことを否定しないで、さらに「死ね」や「バカ」などのようにあまり話してほしくない言葉に対しても肯定しないようにするためには、どのような言葉がけをすればよいのでしょうか？

そんな都合のいい言葉なんてあるはずがない、と思われるかもしれません。ところが、あるのです。

「そうか、あなたはそんなふうに思っているんだね」

こう声をかけてあげてください。

よい言葉に対しては、もちろん肯定したほうがよいのですが、話してほしくない言葉には、このように答えてあげてください。

否定も肯定もしないこの言葉がけは、相手の言葉をさえぎることがない魔法の言葉です。とくに幼児期や思春期の子どもとの会話では、よく使う効果的な言葉です。

「怒られるかな？　否定されるかな？」と思いながらも勇気を振り絞って話してくれた言葉は、その子にとっては非常に大切な言葉です。

ただし、子どもは感情を言葉で表現するときには、まだ未熟な不適切な表現になってしまうのです。

「ユキちゃんのこと、本当は大好きなんだけど、今日一緒に遊んでいるときにおもちゃの取り合いになってしまったの。そのときに、ユキちゃんにたたかれてしまったので私泣いちゃったんだ。それで今日は嫌いな気持ちになってしまったんだよ」

などと、子どもがいえるはずはありません。

逆に、もしこのような表現を幼児期の子どもがしたならば、感情よりも貼り付けの言葉の成長が先行してしまっているので危険です。

よい自分しか認められない、1章でお話しした「よい子」になっていないか、逆に非常に心配になります。

「仲よくしようね」は子どもにはわかりません

幼児期に大切なのは、理解できていない立派な言葉の成長を促すよりも、「適切な行動」のバリエーションを広げることです。

このとき、**「言葉の表現」と「行動」の対応は分けて考えてください。**

「言葉の表現」は、未熟でも表現すること自体に意味があります。表現することで、自分の意図することに近づけるように、変化し成長していくきっかけになるからです。

また「行動」はバリエーションを増やすことで、こうでなくてはいけないという狭い視点に縛られないようになります。

「言葉での表現」と「行動」は、成長する方向性がちがうため、分けて対応しましょう。

「言葉の表現」の部分に対しては、まず「あなたはそんなふうに思ったんだね。お母さんに話してくれてありがとうね」と話してくれた行為を、どのような内容であろうと認めてあげてください。

その後、行動に関して、「それじゃあ、どうするか一緒に考えようね」と話しましょう。

ただし、このとき**「仲よくしようね」というような非常に高尚で、漠然とした子どもにとって意味のわからない声がけはやめてください。**

「仲よくする」という表現は、あまりにも考えられるバリエーションがありすぎる抽象的な表現だからです。

大人は当たり前のように「仲よくしようね」と子どもに話しても、どういう行為が「仲よく」という概念かは、まだ行動の体験範囲が狭い子どもにとっては意味がわからないのです。つまり、何をどうすればいいか、わからないのです。

それでは、脳のネットワークのつながりも、広がりも期待できません。しかも、子どもは自分のいやな気持の処理のバリエーションがまったくできないままで「仲よくしようね」という対応を求められては苦しくなってしまいます。

「仲よくしようね」という漠然とした言葉ではなく、「明日はユキちゃんと一緒に遊ぼうか」や「ユキちゃんに『たたかないで遊ぼうね』といえるかな?」などと具体的な行動で説明しましょう。

このとき大切なのは、**大人が子どもに正しいことやベストの方法だけを提示するのではなく、子ども自身が自分でできそうで許容できる範囲内の行動をできるだけたくさん、できれば段階的に提示することです。**

はじめは子どももなかなか自ら代替案は提示できませんが、このような試みをつづけていると、私たちの想像を超える提案をしてくれます。子ども同士のやりとりを見ていると、素晴らしい対応策を見つけることもあります。

いろいろなバリエーションを検討し、子どもの想像力をふくらませて、最終的には子どもに決定させましょう。

100か0かの発想にならないようにしてください

子育ては、○か×かだけで判断できないことばかり

3歳ごろになると、記憶や学習に関与する「海馬」のネットワークの機能が高まることにより、今までなかなか守れなかったルールなどが少しずつ守れるようになってきます。つまり、長期記憶が育ってくるため、記憶の貯蔵庫でもある「海馬」というところに蓄えることができるようになってくるのです。

この段階でも、「子どもの視点」に合わせた関わり方を進めていくと、脳のネットワークがつながりやすくなります。このときに大切なのは、**子どもの話は聴いても子**

どもにコントロールされない視点をもって向き合うことです。

たとえば、朝、子どもが幼稚園に行きたがらなかったとします。

そんなとき、お母さんは「行かなきゃダメ」か「今日は、幼稚園に行かないでお母さんと、どこか楽しいところに行こうか」と、どちらかになりがちです。

このように、子どもの言葉を信じすぎるあまりに、いきなり100か0かの発想にならないように注意してください。

十分な意思表示ができない子どもの先回りをしてしまうと、ママは自分の一部だと思ってしまい、ママをコントロールしようとします。

「子どもと一緒に、できる行動を考えること」と「子どもの言葉を信じすぎるあまりにコントロールされる（何も考えずに、子どもの予想どおりの考え方を採用してしまう）こと」は、まったく異なります。

また、結果的にはイエスかノーかのどちらかの決定をすることはありますが、100か0かのように両極端にならないよう段階的な提案をしていくことが、脳のネットワークを広げるためにも非常に大切です。

子どもの「問題解決能力」は
あなどれません

小さな子どもでも「自分で解決する力」があるんです

幼児期の子どもに向き合うためには、**「未熟な段階を受けとめる視点」**を持つことが大切です。

チーちゃんという女の子の幼稚園の入園式の様子をビデオで見せてもらったときに、びっくりしたことがありました。

チーちゃんをふくめた3人組が、横並びに座り、緊張しながらも楽しそうにおしゃ

べりをしていました。

ところが、真ん中に座っていたチーちゃんの両側の子どもたちが、なぜか言い合いになりケンカをはじめてしまったのです。

真ん中に挟まれたチーちゃんは、とまどいながら困った表情で、両側に座っている子どもたちを交互に見ながら、今にも泣きそうな表情になってきました。

周囲の保護者が声をかけようかなと思った瞬間、状況が一変したのです。

突然、真ん中に座っていたチーちゃんが、左側に座っている女の子の前に自分の顔を差し出し、満面の笑顔でニコニコ攻撃を仕かけたのです。

笑顔を差し出された子どもは、はじめはきょとんとした様子でしたが、すぐにプッと吹き出して、笑いました。

すると、チーちゃんは今度は反対側の子のほうに顔を近づけ、またもや満面の笑顔でニコニコ攻撃を仕かけてきたのです。

今度はあっさり撃沈。大笑いです。

その後は、3人で肩を組んでニコニコ笑顔で笑っていました。

すごい、大人では考えられない最高の解決方法だと私はびっくりしました。

子どもはセロトニンの分泌が多く、大人より簡単に自分で自分を癒す能力が備わっています。

大人は、何か子どものトラブルがあるとすぐに間に入って、大人の価値観を持ち込んで、解決しようと試みがちです。まだまだ未熟な脳の子どもには、このような行為は逆効果です。

子どもの世界に大人の視点で入り込みすぎることは、子どもの脳のネットワークの広がりにはマイナスでしかありません。

そこで、大切なのは、**「子どもの視点」を信じて「待つ」ということです。**

子どもたちにゆだねたほうが、より脳のネットワークを広げるアプローチにもつながります。

否定しないで、がっかりしないで聴いてもらえることは最高の宝物

大人は意外と気づきにくい「聴いてもらえる」という純粋な喜び

自分の話を聴いてもらえることの喜びを感じることができた子は、聴くことや待つことができるようになります。

親が子どもに自分の話を聴いてもらいたいと思うならば、聴いてもらおうとする前に、まずしっかりと子どもの話を聴いてあげられるようになりましょう。

どんな話でも、否定せずにがっかりしないで聞いてあげられる親の存在は、子どもにとって大きなものです。

途中で何かいいたくなっても、話してくれている子どもの気持ちを考え、ここはぐっとこらえてください。がっかりしすぎる親には、子どもは申し訳なくて自分からは二度と話せなくなってしまいます。

たとえ自分のいやなことでも、お母さんやお父さんがいやな顔をしないで聞いてくれたと思えると、この時期にいちばん大切な「安心感のメカニズム」が育ちやすくなります。そして、なんでも話していいんだ、という信頼感も育ってきます。

ただただ聴いてあげるだけで十分です。余計な答えはいりません。

自分で感じることや表現することが苦手な子どももいます。

その子のスタンスに合わせて待ってあげることで、いつでも聴いてもらえるという感覚を持ってもらえるようにするのです。

大人の話でもしっかりと聴くことができる子どもは、自分が思ったことを言葉で表現することができるようになってきます。

「子どもの脳の成長段階に合わせたコミュニケーション」の特徴を理解して、まずは、しっかりと聴いてあげられるようになってください。

黙って聴く。それだけで、こんなにいいことがある最高の宝物なのです。

子どもにとって、得体の知れない恐怖感を与えてしまう恐ろしい会話

「やさしいお母さん」「怖いお母さん」どっちを信じたらいいの？

子どもにとって、得体のしれない恐怖感を与えてしまう恐ろしい会話があります。それは**「ダブルバインド」**です。

「ダブルバインド」とは、相手に対して2つの矛盾するメッセージを送り、相手がどうしたらいいのかわからない状況をつくり出してしまうコミュニケーションのことをいいます。

これには、**「投げかけた言葉」と「話している表情」が矛盾するパターン**と、**「はじめに投げかけた言葉」と「あとから投げかけた言葉」が矛盾しているパターン**などがあります。

「ダブルバインド」ばかり受けている子どもは、相手の行動や感情ばかりを意識しすぎてしまいます。

「ダブルバインド」ばかり受けている子どもは、何が正しいのか、相手が伝えたいことはなんなのかを常に思い感じてしまうようになります。

相手の視線や表情や行動を過剰に意識して、推測ばかりしようとさえします。

さらには、自分はどのように振る舞えばよいのかわからなくなってしまい、行動そのものを停止させてしまうかもしれません。

成長しても、「相手の期待はなんだろうか?」「自分はどう思われているのだろうか?」ということばかりを推測しすぎてしまう、いわば「他者の視点」を意識しすぎるようになってしまいます。

相手に合わせた行動を考えすぎてしまい、自分の気持ちや考えがわからなくなって

しまうこともあります。

しかも、このように考える子どもにとっては、自分は常に相手の期待に応えられていないダメな存在として、強く意識させられてしまうかもしれません。

相手の言葉をネガティブに裏読みしすぎるあまりに、誠実な対人関係を結ぶことも難しくなってしまうことにつながるかもしれません。

自分は何者かという、アイデンティティの形成に支障が出てきてしまうかもしれません。

安心できるやりとりができるためには、「ダブルバインド」にならないようなコミュニケーションを意識しましょう。

思春期前に達成したい大きな課題の1つである「自己評価を高める」ためにも、自分自身を知り、「私はこれでいいんだよね」と感じられること。これは多感な思春期を迎える大事なスタート地点になります。

「言葉」と「表情」が矛盾すると、子どもは「どっちが本当のママなの？」と混乱します

「投げかけた言葉」と「話している表情」が矛盾するパターン

では、よくやりがちな「ダブルバインド」の2つのパターンをみていきましょう。

「ダブルバインド」の1つめのパターンは、「言葉」と「表情」の矛盾です。

「言葉」と「表情」が矛盾している例として、予防接種が怖くて病院で泣き叫んでいる子どもと直面しているお母さんをイメージしてください。

お母さんは、きっと心のなかでこんなふうに思っているはずです。

「予防接種はどうしても受けなければいけないのに、なぜうちの子はいつもこんなに

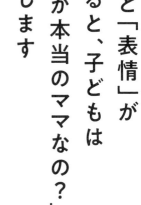

暴れてしまうの？」

「ほかにも予防接種を待っている方がたくさんいるのに、うちの子がもたもたするとみんなの迷惑になってしまう。どうしよう……」

実際に、こんなふうに思って困った経験のあるお母さんも多いのではないでしょうか。

そこで、予防接種はしなければならないけれど、できれば子どもを納得させてから接種をさせたいという思いから、必死になって選択肢を提示したことはないでしょうか？

泣いている子どもに向かって、ニコニコ優しい笑みを浮かべながら、こんなふうにです。

「予防接種をして病気にかからないのと、予防接種をしないで病気になって入院するのとどっちがいい？　入院はしたくないよね。だったら予防接種がんばろうね」

しかし、このような「ニコニコした表情」と「（子どもにとって）いやな言葉」という矛盾した言動は、子どもにとっては恐怖以外の何ものでもありません。子どもの不安を高めてしまう行動にしかなりません。

パニックを起こしている子どもには、どんなに正しい理屈の言葉をかけても、それは刺激でしかありません。

このような「言葉」と「表情」が矛盾する対応をされた子どもは、自分の不安の処理が余計に難しくなってしまいます。

ましてや、そのような矛盾する行為を安心の源であるお母さんから、にこやかな表情とセットで浴びせられると、にこやかなお母さんが本当なのか、自分にとっていやな予防接種を強要してくるお母さんが本当なのかわからなくなってしまうからです。

これが子どもにとっての「ダブルバインド」の恐怖です。

子どもがパニックになるのを想定して、事前にルールを決めておこう

予防接種のような子どもにとっていやな出来事には、言葉での刺激はせず、**前もって決められたルールに従って、すみやかに決められた行動をすることが大切です。**

事前にルールを具体的に決め、視覚的なシミュレーションも行いながら、「いやだー」と暴れてしまったときには、「お母さんは黙ってこんな感じでギューッと抱きしめてあげるからね」と適切な言葉がけの練習をします。

ここでは、決められたことを決められたとおりに行うことの積み重ねが大事です。

もっとも、いくらルールを決めても実際に予防接種を受けると、子どもは泣き叫ぶかもしれません。

けれども、いやだと思う予防接種に行くということも、できるだけ伝えます。

いやでも訪れることの繰り返し、すなわち予想される行動の繰り返しによって、安心を感じることができる耐性の成長につながっていくからです。

いずれは、あんなにいやだった予防接種が、泣かずにできるようになった自分を意識できるようになります。

一方、子どもとの約束を信じるあまり、いやがっていたら「がんばって予防接種するっていっていたじゃない」というような、できないかもしれないことを強《し》いたり、実際にできなかったときの対応を決めておかなかったりすると、結果的にお互いのつらい感情をかき立てることになってしまいます。

子どもの未熟な脳に対するには、「必ずできそうで約束したこと」と「できないときの対応」までをふくめて約束しておくことが、その後の成長にもつながるのです。

「言葉」と「言葉」が矛盾すると、子どもは「何を信じたらいいの？」と混乱します

「はじめに投げかけた言葉」と「あとから投げかけた言葉」が矛盾しているパターン

ダブルバインドの2つめのパターンは、「言葉」と「言葉」の矛盾です。

「言葉」と「言葉」の矛盾は、より日常生活ではよくみられるものです。しかし、意外と大人のほうがまったく気づかずにしている場合が多いです。

たとえば、その日は幼稚園で夏休み前の発表会があり、朝出かける前に家で準備を

している場面をイメージしてください。

出かけるまで30分程度時間があったとします。このとき、お母さんは自分の準備で忙しかったので、子どもに対して、こういいました。

「あと30分で出かけるけど、それまでは好きなことをして遊んで待っていてね」

すると、子どもの「は〜い」という声が聞こえました。


お母さんは出かける準備が整って、子どもを呼びに行ったらびっくりです。

そこには、ベランダで大好きな水遊びをはじめてしまい、洋服をびしゃびしゃに濡らして楽しんでいる子どもの姿があったからです。

当然、お母さんは困惑もまじりながら怒鳴ります。

「何やってるの！　なんで水遊びなんかやってるの！　こんなになったら、もう発表会に行けなくなっちゃうじゃない！」

あまりのお母さんの剣幕に、子どもは「わかったよ。もう発表会には行かない！」と泣きながら答えました。

するとお母さんは「何いってるの？　早く幼稚園の制服に着替えて出かける準備を

しなさい。急いで！　発表会に間に合わなくなってしまうでしょう」と声をかけました。

その瞬間、子どもは「ギャー！」となり、いつもの修羅場がはじまりました。

このとき、いくつかのダブルバインド的な表現が、子どもを混乱させてしまっているのです。

まずは「好きなことをして遊んで待っていてね」という言葉と「何やってるの！なんで水遊びなんかやってるの！」という矛盾です。

子どもにとっては、「好きなことをして遊んでね」といわれたから、いちばん好きな水遊びをしていたのに、怒られるという矛盾にぶつかってしまいます。

幼児期の子どもには、遊び方やルールは具体的に示してあげなければ、状況を理解するのは難しいです。

子どもに、具体的な選択肢として、どんな遊びをするかという指示を出さなければ、予想外の行動に出てしまうことになるのです（さらにいえば、この時期の子どもの遊びは、自由度があるほうがよいのです）。

もちろん、静かな遊びを好む子やお母さんの意図を組んでしまう子もいるかもしれませんが、あまり大人側の意図をくみ取りすぎても、よい子になりすぎてしまい心配です。

また、「発表会に行けなくなっちゃうじゃない！」といいながら、そのあと「何いってるの？ 早く着替えて出かける準備をしなさい」といっています。

ここでも、子どもにとっては「発表会に行けない」といわれたので、「行かないよ」と答えたにもかかわらず、お母さんは「早く準備をしなさい」という矛盾した声がけになっています。

子どもも親も、望まない結果になることは避けましょう

今はとにかく発表会に向かわなければ、と言葉を選んでなんかいられないお母さんの心情も理解できます。

ただ、子どもが「ギャー！」となって余計に修羅場になるのは避けたいですよね。

だから、どんなに急いでいても、「いっぱい遊んだね～。それじゃ一緒にお片づけ

して、お着替えして出かけましょう」などと、**できるだけ次につながる言葉をかけましょう。**急がば回れです。

子どもはなかなか遊びをやめることが難しいこともありますが、やめられたら「ありがとうね。それじゃあ、一緒に片づけして出かけようね」などと声をかけてください。

遊ぶのをやめられたら、やめることがよいのだと子どもは意識できるし、その後の流れもスムーズにいくようになります。

しかし、そうはいっても現実は心の余裕がないと、このような対応はすごく難しいものです。

ときには、あきらめることもあるかもしれません。また、怒鳴り散らしてしまうかもしれません。

それでもいいんです。そんなときはあとで、しっかりと子どもに怒ってしまったことだけは謝ってください。

子どもは、そんなお母さんをきっと許してくれますから。

子どもに指示を出すときに、気をつけてほしいこと

子どもに伝わるコミュニケーションとして、大事なのは「一貫性」

子どもに指示を出すときは、その子の視点に合わせた段階的な「適切な行動」を意識してください。子どもの成長段階に合っていない指示だと伝わらず、行動に移してくれないからです。

また、「ダブルバインド」とも重なりますが、**指示を伝えるときにも「言葉」と「表情」を一致させることを意識しましょう。それが安心感にもつながります。**

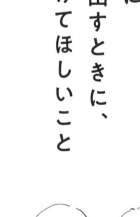

「怒ってないよ」といいながらも大きな声で指示を出してしまうと、それだけで子どもには指示の内容が入ってきません。指示の内容よりも、怒られている行動から回避することに意識が向いてしまうからです。

大人は一時的な感情に流されないように、指示を出すときには自分自身の感情を一度リセットしましょう。

「未熟脳」の子どもは、そのとき、へらへらと笑ったり、ほかのことに気をとられたりと、逆に大人の神経を逆なですするような行動をとるかもしれません。しかし、それは真意ではありませんので、反応しないように注意しましょう。

とくに幼児期の子どもには、「言葉と表情」や「言葉と言葉」は一貫するようにしてください。それが安心感にもつながるのです。

大人でも「よくないこと」をしたときは、きちんと子どもに謝りましょう

指示を出すときには、子どもに矛盾するメッセージを送っていないかを振り返る習慣をつけるようにしましょう。

そうはいっても、矛盾したメッセージを与えてしまいそうな場面は、日常生活では頻繁にあります。

前述したように、このときに大切なのは、常に気を張ってミスしないようにすることではなく、矛盾していることに気づいたときには、大人の側でもすぐに謝ることです。

つい感情的に対応してしまった場合でも、落ち着いて余裕ができてから、子どもに対してしっかりと謝ればよいのです。

間違えたり、失敗したりしたとき、大人でも子どもにきちんと謝ると、大人が思っている以上に子どもは大人のことを許してくれます。

そして**子どもも、大人であっても間違えることがあるんだと思えると安心しますし、そんな大人を信頼してくれます。**

そんな瞬間に、あなたは子どもの許容力の広さに気づくことでしょう。

子どもの話は、ウソでも本当でもいいという視点で聴いてあげてください

子どもの話は、正しいか間違っているかではなく、ただただ聴くこと

とくに学童期の子どもとのコミュニケーションでは、子どもに自由に話ができる環境を与えることが大事です。

それが、子どもにとって自分の話をしっかりと聴いてもらえるという喜びを感じることにもつながります。そのような大人が身近にいるというのは、安心感を感じさせることにもなります。

ただし、（このことは思春期以降でもいえますが）まだまだ「未熟脳」の段階である子どもの話を聴くときには、次のことに注意をしてください。

子どもの話は聴いてあげても、言葉をそのまま信じすぎないようにすること

「未熟脳」の段階の子どもの状況の理解はまだ十分ではないので、必ずしも客観的に正確に状況をとらえることはできません。

したがって、逐一、子どもの言葉に反応して、すぐに対応しようとしてはいけません。

たとえ、すぐに対応しないといけないと感じた状況でも、まずは多角的な情報収集をして、客観的に現状を把握しましょう。

子どもの話は、ウソでも本当でもいいという視点を持つ

子どもの話を聴くにあたって、大人にいちばん大切なのは、がっかりしないで聴けるようになるということです。

子どもが得るべきことは、自分の話を聴いてもらえる体験なのです。だから、たと

えすでに大人はわかっているようなことでも、知らないふりをして聴いてあげましょう。

大人は、子どもの話がウソか本当かどうかをたしかめながら聴きがちです。しかし、子どもが気軽に話ができるようにするために、その話がウソか本当かどうかは意識せず、最後までしっかりと聴いてあげられる段階が必要なのです。

そうして、子どもは話をすることを通じて、伝え方を学んでいくことができるようになるのです。

話してくれてありがとうね

大人はよく「怒らないから、なんでも話して」といいます。しかし、そういいつつも内容しだいで怒ってしまいます。そのような大人の矛盾に常日頃からさらされていると、子どもは無意識のうちに防御しながら話をしてしまいます。

どんな話であっても、子どもなりに一生懸命話してくれたことに対しては「話してくれてありがとうね」と伝えましょう。すると、子どもにとっても「聴いてもらえた」という感じ方がちがいます。

子どもが思ったことを話せるようになるための「大人の聴くスキル」

子どもが話したくなるかどうかは、大人の「聴くスキル」しだい

子どもが自分の思ったことを正直に話せるようになるには、大人にも「聴くスキル」が必要になってきます。

先述したように、子どもの話はまずはたとえウソだとわかっても、明らかによくないことだと思っても、最後まで聴きましょう。

それに、文脈のなかでのウソなのか、状況の理解がともなわなくてのウソなのか、意識的なウソなのかは、最後まで聴かないとわからないものです。

そのためにも、大人には**「聴くスキル」**を身につけてほしいのです。

そこで紹介するのが、エバーグリーン心理治療センター（ＡＴＴＩ）のテリー・Ｍ・リヴィー先生とマイケル・オーランズ先生から理論を、そして東京福祉大学名誉教授のヘネシー澄子先生から実践について教えていただいた「ＡＣＴ（Attachment Communication Training）」という方法です。

本来、「ＡＣＴ」は虐待に遭った子どもとの愛着を深めるコミュニケーションのトレーニング手法なのですが、日本の普通の子どもたちにも非常に有効な手法だと私は考えています。

日本では、子どもとの会話は、どちらかというと大人側の一方通行が多く、十分に「子どもの視点」が拾い上げられていないように感じられます。

そのため、子どもとのコミュニケーションが苦手な親御さんや、子どもたちと直接関わることの多い教育関係の先生方に、「ＡＣＴ」は月に１回行っている勉強会などを通じて紹介している方法でもあります。

表現のバリエーションが豊か≠適切なコミュニケーション能力

コミュニケーションが苦手な子どものなかには、「伝えたいこと」と「実際の表現」が乖離《かいり》していることはよくみられます（これは、大人でも同様かもしれませんが）。

また、「脳の成長段階」に合わせた自己表現のしかたを体感できていないために、適切に表現するスキルが十分でなかったり、適切に表現するためのルールがあいまいであったりするケースもあります。

適切なコミュニケーション能力の成長には、表現のバリエーションの豊かさが欠かせません。けれども、表現のバリエーションが豊かだからといって、必ずしも適切なコミュニケーション能力が成長しているわけではありません。

つまり、**自分が伝えたいことを適切に表現するためには、表現のバリエーションを増やす過程のなかで、未熟な表現の段階を経ることがどうしても必要だと私は考えています。**

「ACT」とは、子どもが自分の話をただひたすら聴いてもらえる体験を通して、伝えられる喜びを感じながら、「適切な表現方法」や「会話のための適切なルール」を学んでいくことができるトレーニング方法の１つです。

実際に、子どもは安心して話を聴いてもらえると、さらに喜んで話してくれます。

ただし、日常生活では、「ひたすら聴く」というルールにのっとって会話をするのは難しいでしょう。

そのため、私は「ＡＣＴ」のなかの「聴くスキル」を親御さんには意識的に実践してもらうようにしています。

「聴くスキル」を実践すると、子どもの表情ががらりと変わります。伝えたいことを適切に伝えることができた喜びは、子どもにとって何ごとにも変えられないくらい大きなことだと、聴いている大人のほうもきっと感じることができるはずです。

自分の話をしっかりと聴いてもらえた子は、相手の話を聴くことができます

「自分の話をちゃんと聴いてもらえる」ということだけでも喜びになる

子どものなかでたとえ答えがなくても、不満をぶちまけるだけでも、自分の話を聴いてもらえることに喜びを感じさせてあげられるようにしましょう。

話を聴いてもらえると、子どもは「自分が伝えたいこと」と「自分が話していること」のちがいに気づくことにもなります。この繰り返しによって、子どもの言葉による表現のバリエーションは、格段と広がることにもなるのです。

そして、子どもと一緒に「聴くスキル」を練習しましょう。親も「話の聴き方」を練習しておくと、思春期の子どもとの会話がしやすくなるという大きな武器を持つことになるからです。

子どもの話を聴きやすいタイミング

ただし、いくら子どもの話を聴いてあげようと思っても、それまでに自分の話をきちんと最後まで聴いてもらえる体験を積んでいない子どもは、なかなか話してくれません。

大人が聴いてあげたいと思っても、関係性ができていなければ、そもそものコミュニケーション自体が難しくなってしまいます。

そのためにも、**大人が聴きたいときに聴くのではなく、子どもの聴いてもらいたいタイミングを待つのです。**

子どもの聴いてもらいたいタイミングには、いくつかチャンスがあります。実際に、私は関係性が築かれていない子どもと話をするときに、次のようなタイミングを意識しています。

トラブルがあったとき

トラブルがあると、子ども自身にも何か言い分があるので、それを聴いてあげられるチャンスになります。このとき、大人が答えを与えようとするのではなく、しっかりと聴く姿勢を意識してください。

怒りなどの感情がみられたり、暴言がみられたとき

このようなときには、子どもが話している言葉自体に真意があることは少ないと私は考えています。

子どもは感情にまかせて言葉にしているだけで、子どもが本当に伝えたいことは別にあることが多いのです。

とくに思春期を迎えた子どもの場合には、「聴くスキル」を使って、このような場面に向き合っていくと、本当に伝えたいことにめぐり合えることがあります。

ゲームやマンガなど興味あるものに一緒に触れ合えるとき

ゲームやマンガなど子どもが興味を持っているものに一緒に触れることも話を聴くチャンスです。実際に私は、50巻以上もあるマンガを読み込んで、子どもとの話が大いに盛り上がったこともあります。

それだけの努力をすると、大人側も意図的ではなく、心から興味を持てるようになるので、子どもにいろいろと教えてもらうことも多くなり、会話もはずみます。

自分の話をちゃんと聴いてもらえると、人の話も聴けるようになります

自分の話を聴いてもらえる体験をした子どもには、今度は自分が聴く体験をしてもらいます。すると、「会話のルール」も理解してもらいやすくなります。

このような体験をした子どもは、次の段階として子ども同士で「聴くスキル」を実践することもできます。

「聴くスキル」は兄弟や姉妹、友だちと、ちょっとしたケンカをしたときなどにも有効です。

ケンカをしているときに、相手の話を一方的に聴く経験なんて、大人でもないのではないでしょうか。

しかし、相手の話をひたすら聴いてみると、予想外の感情が出てきたり、相手の本質に触れたり、自分でも気づかなかった感情に気づくことがよくあります。

実際に、ケンカをしていた子ども同士が、相手の話をしっかりと聴こうとすることに意識が向くおかげで、怒りの感情を忘れてしまったりすることもあります。

私が自分の子どもに「聴くスキル」を実践した結果と、その後日談

私は、自分の子どもたちが小学生のころにケンカをしたときにも「聴くスキル」を実践していました。

そのときは、私がファシリテーターとして2人の会話をサポートしたのですが、相手の言い分をしっかりと聴くことができるようになると、相手の気持ちや考え方の特徴をより理解してくれるようになります。

その結果、子どもたちのケンカの数も徐々に少なくなってきました。

私の子どもたちも「聴くスキル」の効果を感じてくれたようですが、それを物語る

ようなちょっと小生意気なエピソードがあります。

私と妻がちょっとした口論になったときのことです。すかさず、子どもたちから、「お父さんも、お母さんと『聴くスキル』で仲直りしてね」といわれてしまったのです。

いつも私が子どもたちに話していたことが、まさか、こんなかたちで返ってくるとは。結局、妻の苦情を延々と聴かされることになってしまいました。

夫婦間の「聴くスキル」の実践は、ファシリテーターのような仲介者の存在がいないと難しいケースもあります。ただ私自身、妻との「聴くスキル」を何度も経験したおかげで、思春期の子どもの激しい怒りの感情さえも、しっかりと聴くことができるようになってきたのではないかとも思っています。

それにしても、しっかりと意識して相手の話を聴くというのは、お互いのことをよく知る意味でも本当に大切なことです。

3
章

「ほめる」と「無視」と
「ペナルティ」の
効果的な使い方

なんでもかんでも、ほめればいいってものではありません

ほめるベストタイミングは「予想外」と「望んでいるとき」

まず、思春期の子どもには、大人が能動的に働きかけるよりも、子どもを認めていくことが主体になってくるので、この章で紹介する「ほめる」「無視」「ペナルティ」というのは思春期の前の子どもが主な対象となります。

私は、**「ほめる」という行為は脳のネットワークを最初につなげるときのスイッチ**だと思っています。

ただし、「ほめる」という行為は、それだけでなんでも解決してくれる魔法のようなものではありません。

「ほめる」という行為を魔法にまで高めるには、「予想外のタイミング」と「望んでいるタイミング」という2つの効果的な瞬間があります。

子どもが何かよい行動をしたときにほめても、それが当たり前だと思うようになると、まったく効果は期待できません。

逆に、ほめられて疎《うと》ましく感じるような経験をしたことは、みなさんもあるのではないでしょうか。

「もういいよ」と思われるような行為に対して、過度にほめられると、わざとらしくてあまり気持ちのよいものではありません。「本当にそんなこと思っているの？」などと勘ぐってしまうことさえあるでしょう。

このようなほめられ方は、脳のネットワークにとっても何もつながりません。どうでもいいことや、たぶんほめられるだろうと予測していることをほめても、脳のネットワークのつながりを期待できるほどの閾値《いきち》には達しないので、ほめ損になってしまいます。

脳のネットワークをつなげるためには、ある電気的な閾値を超える必要があります。つまり、**ハッと驚くような気持ちの動きがきっかけになるのです。**

うちの子、ほめるところがないんですが……

「ほめる」という話になったときに、お母さんによくいわれることがあります。

「うちの子は悪いことばかりするので、本当にほめるところがありません」

しかし、これは大チャンスです。

このようにいわれると、私はついワクワクしてしまいます。なぜなら、このような子どもこそ、ほめられどころが満載で効果が絶大だからです。

「ほめる」という行為を誤解していませんか？

よいことをしたときのお駄賃のように思ってはいませんか？

たとえば、子どもが何か悪いことをしたとします。そんなときに、やりがちなのが説教です。しかし、自分が説教されているときのことを思い返してください。

説教されているときに、必死に聞いているふりをしながらも、頭にまったく何も残らない体験をした方は少なくないのではないでしょうか。そんなつらいことを延々とされては、脳内のネガティブなネットワークが強化されてしまいます。

では、子どもに悪いことをしてはいけないと伝えるには、説教のように責める以外にどんな方法があるのでしょうか？

まだ「未熟脳」の子どもには、責めることなく困った行動をやめさせる、より効果的な方法があります。それが、**「予想外のタイミングでほめる」という脳への最高のごほうびを与えること**です。

「予想外のタイミング」というのは、何も子どもがよいことをしたときだけでなく、**悪い行動が変化した瞬間や、いつも悪さを働く子がたまたましなかったとき**もあてはまるのです。

そんなときにほめられると、子どもはびっくりします。まず子ども自身も悪いことをしたことは感じているので、なぜほめられるのかわかりません。

この子どものキョトンとした表情を私は見逃しません。この瞬間、脳のネットワークがつながるチャンスだからです。

「えらいね！　このあいだは30分も怒っていたのに、今日は20分でがまんができたね。すごいね！」と、子どもに自分の悪い行為が止まったところを意識させます。

そうすると子どもは、自分がしていた悪い行為に対する意識のネットワークを強化することよりも、自分の悪い行為をやめることに意識のネットワークをつなげやすくなるのです。

これを繰り返していくと、子どもの困った行動の時間も徐々に短くなっていきます。さらに子ども自身にとっても、自分が責められつづけることによるマイナスの自己認識のネットワークも広げすぎずにすみます。


また、**いつもならやってしまうよくない行為を、たまたましなかったとき**もほめるチャンスです。このときも子どもは、ほめられると最初はなんのことかわからなくてドキッとします。これがチャンスです。

さきほどと同様にほめて伝えることで、**よくない行為をやらないことのほうに意識のネットワークがつながりやすくなります。**

とくに、ふだん悪さばかりして責められている子どもには、このようにほめられる機会は最高の舞台となるのです。

子どもが話したくてしかたがないときは、聴いているように見える姿勢が大事

子どものほうからほめてもらいたくて、嬉々《きき》として話をしてくるときもあります。このようなときは、子どもにとって自分が話したいことのほうが優先順位が高いので、黙って子どもの顔を見ながらしっかりと聴きつづけてあげてください。

余計な合いの手はいりません。そして最後に思いっきりほめてあげてください。

人の話を聴くのが苦手な方は、聴いているふりでもかまいません。ただし、**楽しいことを思い浮かべながら、うれしい感情を抱えながら聴いてあげることで、その効果が上がります。**

親といえども、常に聖人君子でいる必要はありません。

大切なのは子どもの脳が成長する対応であって、親が自分の感情を押し殺してまで、聴きたくもない話を聴けといっているのではありません。

いくら大人であっても、無理なものは無理ですから、自分でできる対応の範囲内で、結果的にお互いにいい影響を与えることが大事なのです。

どんな場面が「予想外のほめるタイミング」になるのか？

「ほめる」ことは親からのGOサインになります

では、具体的に「予想外のほめるタイミング」として、次のような場面を意識してみてください。

約束を守ってくれたとき

約束を守ってもらえたほうは当たり前のように感じるかもしれませんが、守った（子ども）側は意識したから守っているのです。この瞬間には、必ず「約束を守ってくれて、ありがとうね」とほめましょう。

完ぺきではなくても「意識してほしい行動」を子どもなりにがんばっているとき

大人が思った通りにはできていなくても、「意識してほしい行動」を子どもなりにがんばってくれていることがわかったときには、まずはほめてください。

子どもは、長い文章を理解することが苦手なので、会話でも最初の言葉にインパクトがあります。気になる点については、そのあとゆっくりと話しましょう。

先述したように、次の2つは「予想外」という意味では、ほめる最高のチャンスです。

◎**「意識してほしくない行動」をやりつづけることが止まったとき**

◎**「意識してほしくない行動」をたまたましなかったとき**

ほめられると、子どもは「なんで、ほめられるようなことをしたのか?」を自分自身で考えてくれるからです。

とくにふだん、ほめられるようなことをしていないような子どもでも、じつはこのようなほめるタイミングがたくさんあります。だからこそ、ほめることで大きな変化が期待できるチャンスともいえます。

「新しい取り組み」にチャレンジしたとき

「新しい取り組み」にチャレンジしたタイミングでほめることとは、子どもに「結果」ばかりを意識させすぎないようにするためにも重要です。

「結果」ばかり意識しすぎている子どもは、「結果」を出せないことを恐れてしまうため、ものごとを楽しむことができません。

また、失敗を恐れている子は、そもそも新しいことにチャレンジすることもできません。

子どもの新しいものを生み出す力を広げていくためにも、**失敗を恐れず「新しい取り組み」にチャレンジしたこと自体を、まずはほめましょう。**

「ほめる言葉」と「ほめる態度」によって、その効果は大きく変わります

せっかくならば、子どもに伝わる「ほめる言葉」にしましょう

子どもに伝わるためにも**「具体的な行動」**を、**「短い言葉」**で、**「わかりやすく」**ほめましょう。とくに、次の３つのポイントを意識してみてください。

「適切な行動」を子どもに意識させるためにも、具体的な行動をほめましょう

たとえば、「いい子だね」ではなく、「食器を運んでくれてありがとうね」のよう

に、人格や感情ではなく、「具体的な行動」をほめてあげてください。

言葉はできるだけ短く、気持ちも伝わりやすいようにほめましょう

あるお母さんが荷物をたくさん抱えて帰って来たときに、子どもに「ごめんね、手伝ってくれる?」と声をかけたそうです。

いやいやながらも荷物を持ってくれた子どもに、お母さんは「荷物を持つのを手伝ってくれてありがとうね。お母さん本当に助かったよ」といいました。このとき、子どもの具体的な行動とともに、感謝している気持ちも簡潔に添えてほめました。

ほめられたとき、子どもは無言だったそうですが、後日同じような場面ですぐに手伝ってくれて、「僕が持ってあげないと大変だから」と得意げに話したそうです。

子どもは態度には表さなくても、ちゃんと伝わっているんですね。

「結果」や「他人と比較する」ほめ方はやめましょう

たとえば、「100点取ってえらいね〜。お姉ちゃんに負けないくらいがんばったね」というようなほめ方をすると、子どもは「100点を取らなければダメなんだ」

という結果にばかり意識が向いてしまったり、自分よりももっとできるお姉ちゃんのほうに意識が向いてしまったりして、ほめて認められたことに本人の意識が向きにくくなってしまいます。

言葉以上に伝わりやすいのが「態度」や「気持ち」です

「ほめる態度」は、具体的に次の２つがポイントです。

幼児期の子どもの場合は、**少ししゃがんで子どもの目線に合わせて**ほめましょう

子どもとの物理的な距離を意識して、**踏み込みすぎない**ようにしてほめましょう

「ほ〜ら、うまくいったでしょう。お母さんのいうとおりにしたからできたのよ」

こんなほめ方をされると、子どもは自分がほめられたのか、ダメ出しをされたのかわからなくなってしまいます。

言葉や表情も大事ですが、それ以上に「気持ち」を意識してください。心からその思いを感じてほめると、子どもに伝わりやすくなります。

「無視」とは、「子どもに意識してほしい行動」を待つための大切なスキル

「無視」とは反応せずに待つ、子育てのスキル

子どもの行動が「意識してほしいこと」であれば、ほめてあげましょう。

一方、子どもの行動が「意識してほしくないこと」の場合には、まず「無視」をして対応します。

「え〜っ、私は自分のかわいい子どもを無視するなんて残酷でできない」と思われる方もいるかもしれません。

安心してください。ここでいう「無視」とは、相手にしない、放置するという意味

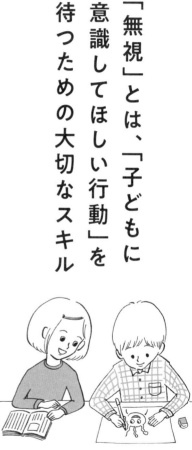

ではありません。

覚えておいてほしいのは、**「無視」というのは「待つ」行為**であり、「子どもの意識してほしくない行動」が変わる大きなきっかけになるということです。

「無視」とは、結果的に子どもの「意識してほしくない行動」に対する脳のネットワークを遮断して、子どもをほめてあげるまでの過程で必要なスキルです。いわば、一歩下がって二歩進むための子育てのスキルです。

「無視」をして、子どもの行動がエスカレートしたら効いている証拠

「無視」をされると、子どもは注目を得ようとさらに行動の頻度や激しさを増すために、一時的に「意識してほしくない行動」がエスカレートします。

ただ、これは悪いことではありません。有効な兆《きざ》しなのです。行動の高まりがみられたら、「無視」が効いている証でもあるからです。

そのまま「無視」を徹底してください。子どもの「意識してほしくない行動」が減ってくるまでは、「無視」をしつづけなければならないのです。ここでは根負けしてはいけません。

中途半端に「無視」をして根負けしてしまうと、たとえ「意識してほしくない行動」でも、子どもは自分の高まった行動が注目してくれていると誤って認識してしまいます。

さらには、子どもはここまで行動を高めれば、無視をやめてくれるのだと、誤まった学習をしてしまいます。次からは、より激しい行動をと、どんどんエスカレートしてしまいかねません。

中途半端な対応だと、逆効果になってしまうのです。下手をしたら、よかれと思ってやった「無視」が、より「意識してほしくない行動」を助長させてしまうことになるからです。

「無視」をする場合は、覚悟を決めて、徹底的にやり抜く姿勢が大事です。以前、あるお母さんが、相当な覚悟で「無視」をつづけたことを話してくれました。

タツヤくんは、借りてきたアニメのＤＶＤに夢中で、約束していた時間を忘れて見つづけていました。

お母さんが「もう寝る時間だから、つづきは明日にしてね」と声をかけましたが、タツヤくんはなかなか動きません。お母さんは「約束だから、テレビを消しますよ」といって、テレビの電源を切り、DVDを片づけました。

すると、タツヤくんは「見せろ、見せろ」といって、ギャーギャー騒ぎはじめました。タツヤくんがあまりにも激しくどんどんと床を鳴らしながら泣き叫んでいるので、近所から虐待で通報されないかと心配になるほどだったそうです。

ふだんならお母さんは根負けしてしまうところ、そのときはがんばって「無視」をしつづけたそうです。

その後、タツヤくんは結局疲れてへとへとになるまで1時間くらい騒いで、ようやくおとなしくなったようです。

お母さんもこのときばかりは怒りよりも、タツヤくんが時間はかかりましたが、自らでおとなしくなってくれたことがうれしくて、心の底から「がまんしてくれてありがとうね」といえたそうです。

タツヤくんは、このときは何もいわずに、そのまま静かに眠りについたようです。

無視をすると「意識してほしくない行動」が一時的にエスカレートします

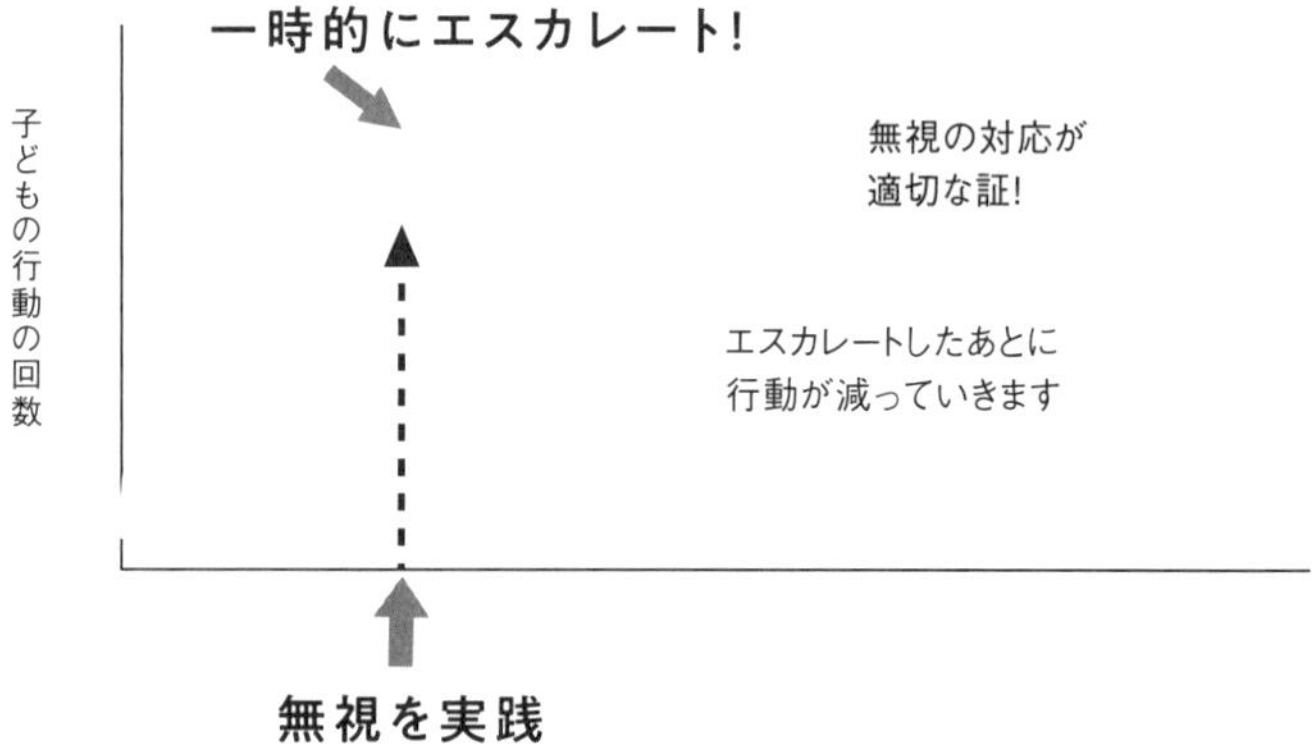

「子どもの注目行動」は、無視を実践すると、このように一時的にエスカレートします。しかし、注目が得られないことがわかると、行動の意味を失い、行動は減少していきます。

子どもが「ギャー」となったとき、お母さんやお父さんがそのエネルギーに対抗するかのごとく怒ったりしないで向き合うというのは、並大抵の覚悟ではできません。

しかし、このような取り組みの繰り返しが、「未熟脳」の成長には欠かせないのです。

子どもに伝わる正しい「無視」のしかた

「無視」とは、子どもに「意識してほしい行動」を引き出す無言のサイン

「無視」とは、放っておくというわけではなく、子どもに「意識してほしい行動」に変わるまでの間、少し距離を置いて待つという意味でした。

そこで、「無視」を言葉どおりに受け取って、相手にしなかったり、放っておいたりとならないように、子どもに伝わる正しい「無視」のやりかたを紹介します。

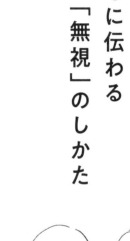

「無視」をするタイミング

子どもの「意識してほしくない行動」がはじまったら、すぐに「無視」をします。

「無視」をするときの視線や身体の向き

身体の向きを変えて、子どもと視線を合わせないようにしましょう。子どもの「意識してほしくない行動」に注目していない様子を、目で見てわかるように視線や身体で示します。

「無視」をするときの態度

心のなかでは本当に怒っていても、眉間《みけん》にしわを寄せたり、ため息をついたりなどせず、表面上は怒っているそぶりを見せてはいけません。このような行為は、子どもにとって注目を与える刺激にしかなりませんので、子どもにとってはよいエサになってしまいます。

自分の感情のよりどころを意識

「無視」というのは、ある意味、子どもの「意識してほしくない行動」が気になるからするわけです。それゆえ、子どもが「意識してほしくない行動」をしつづけているときは、大人は自分の感情が抑えられなくなることもあるかもしれません。

そのようなときは、ほかのことを考えたり、たとえば洗濯物を干したり、食器洗いをしたり、掃除をしたりなど、まったく別のことをしましょう。

そうすることによって、「無視」をしている大人は自分自身の感じている、いやな意識を弱めるための努力をするのです。

感情をコントロールすることは、それほど簡単ではないので、できるだけ考えないようにするよりは、いつもしている行動をしたほうが、脳のスイッチは入れ替わりやすくなります。

ほめる準備をする

子どもが「意識してほしくない行動」をやめたり、「意識してほしい行動」をはじめたら、すぐにほめるために準備をしてください。

すぐにほめて声をかけることで、子どもが自分で「これは、意識してほしい行動なんだ」と、とらえやすくなるからです。

とくにこのようなタイミングでほめられると、子どもはとまどってしまい反応できないことが多いと思います。しかし、「短く、気持ちも伝わりやすいようにほめる」のところで示したように、子どもはあとになってから、このときの気持ちを具体的に表現する様子が多くみられます。


その後、子どもが落ち着いてくると、「意識してほしくない行動」に対しても、「どうしたかったの?」と聴いて、「こうすればよかったね」などと一緒に考えることができます。

そのとき、**「なんでそういうことをするの?」「どうして?」などと、大人側の視点で聞かれると、子どもは答えられなくなってしまいます。**

このように詰問《きつもん》するようにされると、大人が求める答えを出さなければ許されない、と思ってしまうので逆効果です。

「無視」するときに、大事なのが子どもの変化を「待つ」姿勢

「無視」をして「意識してほしくない行動」が治まったら、具体的に「行動」をほめます。**「無視」したあとは、必ず「ほめる」。これはセットです。**

「無視」とは「注目をしない」ともいえます。子どもは注目をされると、たとえ悪い行動でも、もっとふざけてしまうというのは思いあたるのではないでしょうか。

つまり、「無視」をして注目をしないことで、「意識してほしくない行動」を減らすわけです。そのために大切なのは、時間がかかっても「待つ」という姿勢です。

より正確にいえば、**「無視」することで「意識してほしくない行動」を減らして、「意識してほしい行動」が出てくるのを「待つ」のです。**

ただし、「無視」といっても、まったく声を発してはいけないわけではありません。子どもに刺激を与えないようにしていればいいのです。

幼児期には、たとえば子どもが大きな声を出して騒いでいたら、「無視」する前に「静かな声で話してくれたら、聴くよ」などと「意識してほしい行動」のヒントを

そっと伝えるのもいいでしょう。

そして、子どもが「意識してほしくない行動」をやめたり、「意識してほしい行動」に変わったらすぐにほめてください。

すぐにほめることで、子どもの「意識のスイッチ」はオンになります。つまり、「この行動はするといいんだ」と認識するわけです。

「無視」は、予想外のほめるタイミングを活用するための究極のスキルともいえます。

そのためにも、「どんな行動が適切か」を、ふだんから子どもと一緒に考えてみてください。

「ほめる」「無視する」の対象となるのは「行動」です

「子どもの具体的な行動をほめる」というのは、どんなとき？

ほめるときは「子どもの具体的な行動」を、といいました。では、「行動」とは、あらためてどのようなことを指すのでしょうか？

「行動」とは、見える・聞こえる・数えられるものであり、「～する」というかたちで表現されるものです。

あくまで子育てに関してですが、「～しない」は「行動」とは考えません。なんだかよくわかりにくいかもしれませんね。

それでは、次の例のなかで、「行動」と呼べるものがどれか考えてみてください。

例1　朝ご飯を食べない
例2　今日は妹にやさしくしてくれた
例3　いつも人がいやがることをわざとする

どうでしょうか?
正解は、これら3つの例のなかには「行動」と呼べるものはありません。

例1は「〜しない」という表現であるため、何もしていないので「行動」とは呼べません。食べないで、代わりに何をしたかが「行動」になります。
「昨日食べすぎてしまったので、今朝はご飯を食べなかったが、コップ1杯の水は飲んだ」なら、「水を飲んだ」という行為は「行動」になります。

例2の「やさしく」という言葉は、主観的な印象を表現する言葉であり、見えるもの・聞こえる「行動」ではありません。

「今日は妹が転んでけがをしてしまったので、お兄ちゃんがおんぶしてくれた」ならば、「おんぶをした」というのが「行動」になります。

例3は、「いやがることをする」は「行動」のようにも思えますが、これも具体的ではなく、主観的な印象を表す言葉です。

「わざと」は推測にもとづいた表現です。本人が本当に意図したかどうかはわかりませんので「行動」とはいえません。

「ケンちゃんは、人が自分の席の横を通るたびに足を出して、転ばせている」なら、「足を出す」というのは「行動」になります。

このように、「行動」とは、主観的な印象や推測でとらえられたものではなく、より具体的に示された、「見える・聞こえる・数えられるもの」です。

「ほめる」とき、「無視」するときには、その対象となるのは具体的な行動でなくては意味がありません。行動ではない漠然としたものを対象としてしまうと、子どもには理解しにくいからです。

幼児期の子どもの行動は「目的」ごとに対応する

子どもの行動の「目的」を見極める3つのポイント

幼児期の子どもは言葉による表現が未熟なため、その「行動」にどのような意味があるのかを考えて対応するのは、なかなか簡単なことではありません。

しかし、子どもの「行動の目的」に対する大まかなイメージを持てると、比較的スムーズに対応しやすくなります。

「行動の目的」を見極める際には、まず**「行動の変化」を見逃さないこと**です。そして、次の3つのポイントに着目してください。

「行動の目的」を汎化《はんか》しないで、そのときごとに考える習慣をつける

幼児期の子どもの行動には、同じようにみえても意味が異なる場合が多くあります。行動をすぐに汎化（法則化）しないように、注意してください。

「行動の目的や理由」は1つとはかぎりません

たとえば、子どもはいたずらをしたり、意地悪をしたりするとき、その表面的な行動が目的や理由ではないことも多いです。気を引きたかったり、何かうまくいかなかったり、気持ちが乗らなかったりなど、理由は1つとはかぎりません。

「新しい視点」には、できるだけ評価を与えるような対応をする

一見すると正しくないようにみえる行動でも、今までにみられないような行動は評価しましょう。これは、脳のネットワークを広げるためにも重要だからです。

子どもの行動の「目的」ごとに、それぞれ対応は異なります

子どもの行動の「目的」は大きく４つの方向性に分かれます。そのとき、大人が具体的にどのような対応ができるかをみていきましょう。

注目行動

子どもが、周囲の人からの注目を得たくて気を引こうとしてする行動です。「注目を得たい」というのは、子どもの行動の源泉となるような、最も強い動機づけになるものです。

子どもの行動への注目には、「よい注目」と「悪い注目」があります。

「よい注目」は、(子どもにとって)「ほめられる」「認められる」「励まされる」「ほほ笑まれる」などがそうです。

「悪い注目」は、(子どもにとって)「叱られる」「注意される」「怒鳴られる」「ため息をつかれる」などがそうです。

残念ながら、「よい注目」と同様に「悪い注目」のどちらも対応しだいで、子ども

の行動が強化される可能性があるので注意してください。

「注目行動」が、子どもに「意識してほしい行動」であれば、ほめましょう。しかし、子どもに「意識してほしくない行動」の場合には、「無視」をつづけてください。

「無視」の項目でも述べたように、注目行動を「無視」をされると、子どもはさらに注目を得ようと、一時的に「意識してほしくない行動」がエスカレートします。

しかし、「無視」が効いている証でもあるため有効な兆しです。「意識してほしくない行動」がなくなるまで、徹底的に覚悟を決めて「無視」をつづけてください。

ここで根負けしてしまうと、子どもは「意識してほしくない行動」を、ここまで高めれば注目してくれると誤学習してしまうことになるので、譲れないところです。

「意識してほしくない行動」がなくなったら、すかさずほめてあげてください。子どもが「意識してほしくない注目行動」をやめられた、と自ら認識するからです。

活動や物を獲得するための行動

「ダメと否定されている行動」や、おもちゃや食べ物などの「ほしくて行う行動」です。基本的には「注目行動」と同じ対応になります。

回避行動

子どもがやりたくないことがあった際に、それを「回避する行動」です。歌を歌うのが苦手な子が、幼稚園でその時間になると、ワーッと外に飛び出すような行動がそうです。

「回避行動」が子どもに「意識してほしい行動」であれば、ほめましょう。

しかし、子どもに「意識してほしくない行動」の場合には、ここで「無視」をしても何も変わりません。「注目行動」とちがい、「回避行動」を無視されたら、子どもにとってはそのまま「回避」ができるため、喜ばしいことだからです。

感覚的な行動

「感覚的な行動」とは、周囲からは一見すると無目的にみえるようなことでも、本人は無意識のうちにしている行動です。ときには、不安を解消するために行っている場合もあります。

たとえば、鼻くそをほじって食べてしまう行動、男の子ならおちんちんを触ってしまう行動、洋服の袖や襟《えり》元の部分をぺろぺろとなめたり噛んだりしてしまうような行動もそうです。

「感覚的な行動」に対しては、まずは不安を解消するための行動ではないか、という検証から先にしたほうがよいでしょう。

不安の解消でしているとしたら、それは子どもにとって、おまじないのようなものなので、無理にやめさせないほうがいいこともあります。

「感覚的な行動」が「意識してほしい行動」であれば、ほめましょう。しかし、「意識してほしくない行動」の場合には、まず「無視」をしても何も変わりません。

そのため、「受け入れられる行動」であるのか、「受け入れられない行動」であるのかをしっかりと考えてみてください。

「受け入れられる行動」かどうかの許容範囲は、大人側の問題となることが多いのですが、子どもの年齢を考慮して、できるだけゆるめに考えてあげてください。難しい場合には、行動の制限ではなく、「環境を制限すること」で対応しましょう。

次のように、ケースごとに対応していきます。

「受け入れられる行動」の場合は、支障がなければそのままにしましょうその行動に支障がある場合には、切り替えができるように代替となる行動を考えたり、リセットをするためのルールを検討したりします。

「受け入れられない行動」の場合は、別の似た感覚のもので、適応可能な代替行動を探します。または、子どもが適応できるまったく別の行動を探します。

「受け入れられる行動」「受け入れられない行動」いずれの場合でも、その代替行動ができたら具体的にほめてください。

このように、子どもの行動の「目的」を4つのどれかにあてはまるかどうか考えてみると、具体的に対応しやすくなります。子どもの「行動の目的」と、それぞれの対応は、次ページのチャート図を使って考えてみてください

実際に、この図を参考にしながら、対応を考えると問題点が浮き彫りになります。たとえ、そのときはうまくいかなくても、その先の状況が予測できるので、余裕をもって対応できるようになります。

子どもの「行動の目的」と「対応方法」のチャート

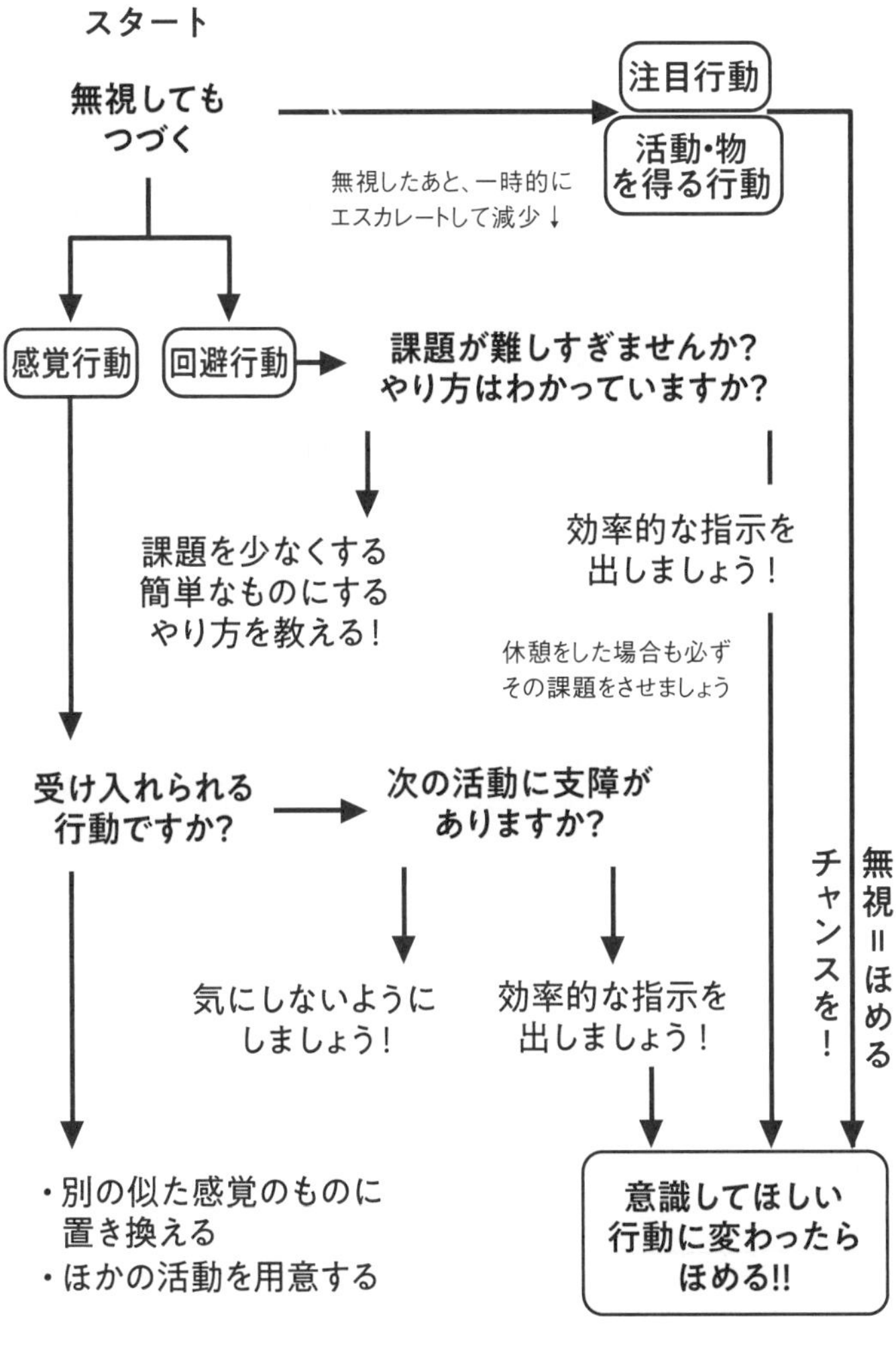
スタート
無視してもつづく
注目行動
活動・物を得る行動
無視したあと、一時的にエスカレートして減少↓
感覚行動
回避行動
課題が難しすぎませんか?
やり方はわかっていますか?
課題を少なくする
簡単なものにする
やり方を教える!
効率的な指示を出しましょう!
休憩をした場合も必ずその課題をさせましょう
受け入れられる行動ですか?
次の活動に支障がありますか?
気にしないようにしましょう!
効率的な指示を出しましょう!
チャンスを!
無視＝ほめる
・別の似た感覚のものに置き換える
・ほかの活動を用意する
意識してほしい行動に変わったらほめる!!

同じようでも、子どもの行動は1人ひとりちがいます

同じ「ギャー」となる子どもの行動でも、対応が異なります

では、子どもの「行動の目的」によって、どんな対応をしたらよいか、1つの例を通してみていきましょう。

ゆうまくんとめいちゃんは幼稚園で工作の時間になると、「ギャー」と叫んでしまいます。

2人は同じように大声を出して騒ぐのですが、ゆうまくんは先生が近づいて「上手

にできているわね」と声をかけるとすぐに静かになって、また工作に取り組んでくれます。

しかし、ゆうまくんは次の工作の時間も同じように「ギャー」と声を出してしまいます。

めいちゃんは、先生が近づいて声をかけても「ギャー」となるのは止まらないので、別の部屋に移動して、別のことに取り組んでいます。

しかし、めいちゃんも次の工作の時間に同じように「ギャー」となってしまいます。

このような場合に、大人はどのように関わればよいのでしょうか?

2人とも同じような「意識してほしくない行動」ですが、これまでの先生の対応では「意識してほしい行動」につながりませんでした。

では、前項のチャート図を見ながら、どのように対応していくとよいか一緒に考えていきましょう。

ゆうまくんの「ギャー」の場合

まず、ゆうまくんの場合は、チャート図をもとに、先生は「ギャー」と叫んでいることを「無視」するところからはじめました。

すると、「ギャー」から、さらにバタバタと暴れてしまい、よりエスカレートしていきました。つまり、これは「無視」が効果を示したことになるのです。

そこで、ゆうまくんの行動は、「注目行動」か「活動や物を獲得したい行動」のどちらか考えてみます。

その結果、ゆうまくんの「ギャー」が止まるまで根気強く待つことにしました。そして「ギャー」が止まったところで、「ギャーとなるのをやめてくれて、ありがとうね」とすかさず近づいてほめてあげます。

ゆうまくんは、このような対応を繰り返していると、徐々に「ギャー」が少なくなってきました。

ゆうまくんの場合は「注目行動」からの「ギャー」となっていたのです。

にもかかわらず、チャートをもとにした対応する以前は、ゆうまくんの「注目行動」に先生が注目をしてしまったため行動が変わらず、「ギャー」といえば先生が来てくれる、という誤った学習をしてしまっていたのです。

ゆうまくんの「注目行動」は「意識してほしくない行動」なので、やめる方向に注目するのです。

次に、注目の与え方を、その子に適切な「意識してほしい行動」に変える必要があります。声を出したり、動作で示したり、物を使ったり、その子ができる適切な方法を一緒に考えてあげるのです。

めいちゃんの「ギャー」の場合

では、めいちゃんの場合です。まずチャートをもとに「無視」をします。

しかし、いくら「無視」をしても、めいちゃんの行動は高まりもせず、弱まることもなくつづき、変化がみられません。

そこでめいちゃんの行動は、「注目行動」や「活動や物を獲得したい行動」ではないのではと考えられるのです。

次に、「回避行動」や「感覚的な行動」ではないかと考えてみます。

まずは「回避行動」かどうか確認するために、めいちゃんを別の部屋に移動させて、簡単な別の作業をさせてみました。すると、意外と楽しそうに取り組んでくれました。

このような取り組みを繰り返したあと、みんなと一緒の部屋で、めいちゃんの興味のあるキャラクターの人形を取り入れたりして、めいちゃんができそうな作業をすることにしました。

すると、めいちゃんは「ギャー」と叫ぶこともなく、自分のできる作業に取り組むことができました。

このように、幼児期の子どもの「回避行動」への対応の基本は、回避しないでできる行動もふくめて、「子どもの視点」で、その子ができる行動を広げることにあります。

めいちゃんの場合には、「ギャー」といえば、苦手な工作をやらなくてもいいように別の部屋に連れて行ってもらえていたので、誤った学習をしてしまっていたのです。

めいちゃんは、自分がやりたくないときには、「ギャー」といえばいいんだ、と無意識のうちに思っていたようです。

「回避行動」を選んだ際に、その子ができることに変えるというのは、その子の成長に合わせた「適切な行動」を学ぶきっかけにもなります。

言語的なコミュニケーション能力の高まる学童期や思春期の子どもとは異なり、幼児期の子どもの視点の理解は難しいものがあります。

幼児期の脳は、多様なネットワークが広がっているわりに、強固なネットワーク形成が未熟なために、子ども自身が明確な意図や方向性をもった意識が形成されているわけではないからです。

したがって、幼児期の子どもには、大人は「言葉」で示すよりも「行動」をもとに対応を考えていくほうが、「子どもの視点」により近づいた接し方になるでしょう。

子どもの意識に訴える、正しい「ペナルティ」の与え方

「ペナルティ」を与えても、楽しい時間はゼロにしない

「ペナルティ」も、子どもに「適切な行動」を意識してもらう手段の1つです。ただし、「ペナルティ」を与えるときに、注意しなければいけないことがあります。

「ペナルティ」というと、子どもに対して怒ったり、注意したりすることで、よくないことをわからせるための手段として考えがちです。

しかし、**「よくないこと」を気づかせるには、子どもに伝わり、その行動が変わらなければ意味がありません。**そのためには、子どもの意識に訴えかけなければならな

いのです。ここでも大切なのは、「子どもの視点」です。

それでは、**「子どもの視点」に訴えかける効果的な「ペナルティ」の与え方**とは、どのようなものでしょうか。

まずは、**日ごろから子どもが楽しいと思う時間を育んでおくこと**が前提になります。楽しい時間が、ペナルティとどうつながるのでしょうか?

「ペナルティ」には、罰を与えられるだけではなく、楽しい時間が減ることもあてはまるのです。そのペナルティによって、子どもは「適切な行動」をマイナスのネットワークを強化せずに意識しやすくなります。

その際、注意しなければならない大事な点があります。それは、**楽しい時間をゼロにしてはいけない**ということです。楽しい時間をゼロにしてしまうと、子どもは逆に「ペナルティ」を与えられたことに気づかないこともあるからです。

感情にまかせて、子どもの楽しい時間をゼロにしないようにしてください。そうすると、せっかく「適切な行動」を意識してほしくて与えた「ペナルティ」の効果がなくなってしまいます。

「ペナルティ」は、ルールを理解できるようになってから

「ペナルティ」は、子どもがルールを理解できる段階になってはじめて効果があります。

「ペナルティ」を実行する場合には、子どもの発達段階に合わせて実践してみてください。

幼児期の子どもの困った行動には、大人は、「無視」という対応がまずはスタートになります（先述したチャート参照）。

しかし、それでもうまくいかない場合や、学童期以降の子どもに対しては、「楽しい時間が減る」という「ペナルティ」のルールを一緒に考えていきます。

「ペナルティ」のルールは、実際に子どもの困った行動が起きたときではなく、行動が起こる前や機嫌がよいときに子どもと一緒に考えましょう。できるだけロールプレイングなど、視覚的に実践してみることも忘れないでください。

「ペナルティ」のルールは試用期間を設けます。実践可能なものなのか、それとも変

えなければいけない部分があるのかをお互いに確認し、必要ならば修正します。

実際に合わせてルールを修正することで、子どもも自分のできること、できないことの具体的なイメージが持ちやすくなります。

「ペナルティ」のルールを決めて「これでいこう」となったら、何がなんでも実践します。

「今日はがんばったから、なしでもいいよ」などと、スペシャルをいきなり与えないでください。もしスペシャルを設けるならば、スペシャルもルールの1つとして決めましょう。

子どもの頭のなかでは、1回スペシャルを与えられると、その次もらえないときに、どうして今回スペシャルがもらえないのかがわからなくて、いつもスペシャルばかり求めることになり、混乱してしまう場合もあるからです。

そして一度決めた「ペナルティ」のルールは、短期間なら機能しても、長期間になるとうまくいかないことも多いものです。

その場合、2週間後とか1か月後とか、定期的に「ペナルティ」のルールを見直す期間を決めておくと、子どももその期間はがんばってルールにのっとって行動してくれます。

テレビゲームで「ペナルティ」を与える場合

では、具体例をみていきましょう。

「テレビゲームの時間」のルールを、子どもと一緒に決めました。しかし今日は、子どもがずっとほしかった新しいゲームのソフトが届きました。

すると、子どももルール自体はわかっていながらも、誰もいなかったので、内緒で少し延長してテレビゲームを楽しんでいました。しかし運の悪いことに、お母さんに見つかってしまったのです。

まず、テレビゲームやスマホなどは、最初に明確にルールを決めて対応しておかないと、あとからの修正がききにくくなります。

とくにテレビゲームの世界が自分の居場所となってしまっているような子どもに

とっては、ゲームの世界が神の領域になってしまうこともあり、それをやめさせようとすることが、非常に危険な取り組みになることもあります。

したがって、**最初のルールづくりが非常に大切になります。**そこで、ルール違反をしないようにするためにも、「ペナルティ」を用いましょう。

「ペナルティ」をつくるときには、約束を守らなかったときのルールも明確に決めておく必要があります。

何分延長してしまったら、または延長時間がわからないときなどでも、どのくらいゲームの時間が減らされるのかをです。

その際には、全か無か、つまり100か0かにしないことです。

テレビゲームを取り上げてゼロにしまうと、テレビゲームができなくなったことのほうに意識が向いてしまいます。100か0の意識ばかりが強調されてしまうのです。

また、兄弟がいる場合は、とくに自分だけがゲームの時間を減らされると、自分ばかり損していることが意識されやすくなります。

次に、ルールを守らなかったあとの、回復するための基準も決めましょう。

何日したら、またはどんなお手伝いをしたら、ゲームの時間がどれだけ回復できるのかを明確にしておきます。

そして、ゲームの「ペナルティ」のルールをつくるときのもう1つのポイントは、ここでも試行期間を設けながら、子どもができるものにするということです。

大人側が一方的に決めるルールでなく、子どもが納得したものにしましょう。

ルールを決めるときには、親と子どもだけでなく、兄弟がいる場合など必ず関わる人がみんなで話し合ったほうが、適切なルールを設定しやすくなります。ルールは、必ずみんなで共同作業としてつくりましょう。

「ペナルティ」があると、ゲームの時間を減らされた兄弟のケースを知ることによって、ほかの兄弟にも抑止力となります。

兄弟がいる場合は、お互いにルール違反をしないように、声をかけ合ったり、逆に陥れようとしたりしながら、ルールとペナルティへの意識が強化され、ルール違反が減ってきます。

また、まだ予測することが苦手な子どもは、無謀なルールでも、そのときは合意をしがちです。

しかし、ルール違反をした際に、いくらこれは一緒に決めたルールだからとしても、納得感のないままだと、せっかくつくったルールも机上の空論になってしまいます。

罰や怒ったりする「ペナルティ」の効果は？

罰を与えたり、怒ったりするような対応は、強力で即効性はありますが、子どもにとっては意識すべき「適切な行動」が何かわからないまま責められることになったり、子どもが自分のマイナス面ばかりに意識が向いたりすることも少なくありません。

何より、**罰を与えたり、怒ったりすることで、結果的に子どもにとって脳のネガティブなネットワークを強化してしまう**ことにもなりかねないのです。

罰を与えたり、怒ったりするような対応をつづけていると、まず子どもの言動は少なくなってしまいます。自己肯定感も低くなってしまいます。怒られることに慣れてくると、無力感を感じさせてしまったりすることになるかもしれません。

さらに、ストレス反応が長くつづくと、「海馬」などの記憶・学習をつかさどる機能も低下してしまい、ますます脳のネットワークのつながりが悪くなってしまいます。

現実問題として、大人の側は感情的になって怒鳴ってしまうことがあるかもしれません。イライラした感情を出してしまうかもしれません。

人間なのだから、しかたありません。ただ、そのような行為を子どもにしてしまった場合には、必ずしっかりと謝ってください（ただし、手を上げるような物理的な行為などは、言い訳の対象にはなりません）。これは、立場的に優位な大人の最低限の責務でもあると思います。

「ペナルティ」は、大人の感情をぶつけるだけの罰や怒りとしてではなく、子どもが「適切な行動」を意識するためにというのが前提にあると、子どもを責めたりしないで対応することができます。

そうやって大人も感情的にならずに、子どもに対応できることが増えると、気持ちもすごく楽になり、日々成長していく子どもの姿を本当に楽しく感じられるようになるはずです。

4
章

「折れない心」は
安心感があると育つ

「がまん強い子」に育てるには？

「がまん強さ」は、どうすれば身につくの？

「がまん強い子」に育てるためには、親は幼児期にはどのような関わり方をすればよいのでしょうか？　次の５つから１つ選んでください。

1　幼児期からがんばって、がまんをさせて根性を鍛える

2　よいところがみえたら積極的にほめて、悪いところがみえたら厳しく注意する

3　何がなんでもほめてほめてほめちぎる

4　転んだりしたときでも「痛くない！　大丈夫」と声をかけてあげて、痛みという感情を感じさせないようにする

5　ネガティブな感情をできるだけ出させてあげて、子どもの視点に合わせた対応を一緒に考える

これらの5つの対応のなかで、将来的に「がまん強い子」に育てるために、幼児期の子どもに最も適した関わり方はどれでしょうか？

では、1つひとつみていきましょう。

1のような「とにかくがまんの精神論的な対応」だと、自分の意思表示ができにくくなるので、自分自身の感情との会話が苦手な子になってしまいがちです。そのために無理をしすぎてしまって、自分を大切にできなくなってしまう可能性もあるので非

常に危険です。

2のような対応は、よいところがみえたところでほめることはいいのですが、悪いところを厳しく注意しすぎてしまうと、逆に子どもに自分の悪い部分ばかりを強く意識させすぎてしまいます。

ネガティブな部分ばかりを強く意識させすぎてしまうと、思春期になり、自分を客観視するときに、自己評価が高まりにくく、自分のよいところに気づきにくくなってしまいます。幼児期には、まだこのような対応はやめてあげてください。

3のような「なんでもかんでもほめる対応」だと、子どもが「適切な行動」を意識することが難しくなってしまいます。

「ほめる」という行為は、子どもに「適切な行動」を意識させるための方法の1つです。しかし、なんでもかんでもほめてしまうと、「適切な行動」を意識しにくくなってしまうので、逆に何も学べなくなってしまいます。ほめるには、タイミングが大切です。

4の「感情をマヒさせるような対応」だと、「適切な行動」の理解が進まずに、脳のネットワークが混雑してしまうかもしれません。

そのため、このような育てられ方をした子どものなかには、思春期になって、記憶や思考、判断などを担う前頭前野のネットワークが活性化する時期になったときに、今の自分の悲しみや苦しみや喜びなどの感情が理解できにくくなってしまうことさえあります。

「先生、悲しいってどういうことなの？　なぜ私は涙が出ているの？」と自分の感情が理解できずに、混乱するような子どもたちに出会うこともよくあります。

5のような対応が、この時期の子どもには、最も適切な対応です。幼児期においていちばん大切なことは、安心・安全感を育ててあげることです。

感情を制御するスタイルがまだ確立されていないこの発達年齢では、ネガティブな感情を安全に抱えておくことのほうが、ストレスに対する耐性を育てていくためには重要だからです。

「ストレス」を感じるメカニズム

子育てに、ストレスを感じるのは特別なことではありません

「子育ては親自身の成長につながる」という言葉を聞きます。ただし、子育ては何ものにも代えがたい経験となる人がいる一方で、人によってはなかなか適応しにくい問題に直面することにもなるのです。

そして、子どもの脳の成長段階ごとに、「子どもの視点」に合わせた子育てでは、これまでの自分の考え方だけではなく、自分とは異なるかもしれない子どもの価値観を広く受けとめ、評価しなければならないこともあります。

また、子育てでは子どものネガティブな感情を受けとめなければならない難しさに直面することもあります。そのため、親自身が子育てにストレスをともなうのは不思議なことではありません。

「楽育」というのは、「子どもの視点」で関わるスキルをたくさん身につけることで、力を抜いて気楽に子どもと関わる楽しさを感じることを意味しています。

しかし、「子どもの視点」で子どもに向き合っていくという点では、今までの自分の価値観を根本的に覆《くつがえ》さなければならないという試練を味わうことにもなるのです。

自分にない価値観を受けとめる、自分の価値観を変える、というのは人によってはそのストレスは並大抵ではないかもしれません。

そのため、**大人自身がストレスのことを理解し、ストレスとの共存のしかたを学ぶことは、「楽育」においても重要な要素になります。**

ストレスを感じない生活というのは、はたして快適なのでしょうか？

まず、ストレスはないに越したことはない。そう思うかもしれませんが、まったくストレスを感じない世界に生きていては、残念ながら脳に対して何も刺激を与えることにならず、人としての成長も期待しにくいでしょう。ストレスというと、イコールでマイナスのイメージがあるかもしれません。しかし、ストレスとはある意味、刺激のようなものです。

刺激には、快い刺激もあれば、そうでないものもあるように、ストレスにも成長の糧《かて》となるものもあれば、心身に悪影響を与えるものもあります。また、ストレスが心身に与える悪影響を、ときに克服することも人が成長するうえでは必要です。

そのため、単純にストレスはなくせばいいという話ではないのです。

あるお母さんが、「自分は若いころに非常につらい体験をたくさんしてきたので、娘だけにはいっさいストレスを感じさせない生活をすごさせてあげたい」と話してくれました。

そのお母さんは、友だちも娘が好きな子ばかり同じクラスにしてもらうように学校の先生にお願いをし、先生にも娘にストレスを与えないようにしてほしいという強い希望を伝えていたそうです。

でも、それでは逆に、子どもはストレスの処理のしかたが学べなくなってしまいます。実際にその子は、自分の感情との向き合い方がわからなくなってしまい、混乱してしまうことがありました。

そこで、大切になるのは、ストレスを少なくすることだけではなく、**「ストレスのメカニズム」**と**「いかにストレスをコントロールできるようにするか」**について理解することです。

ストレスを感じるメカニズム

ストレスを感じるメカニズムはいくつかありますが、まずは中心となる「ＨＰＡ系」の流れに関してお話しします。ここからは、脳のメカニズムに関する話も多いので少し専門的な内容にも触れますが、できるだけかみ砕いてお伝えします。

「ＨＰＡ系の流れ」とは何のことをいっているのでしょうか？

私たちがストレスを感じるときには、脳のさまざまなところで処理を開始し、その中心を担うのが「ＨＰＡ系」でみられるのです。「ＨＰＡ系」とは、「扁桃体《へんとうたい》（Hipothalamic）」「下垂体（Pituitary）」「副腎《ふくじん》（Adrenal axis）」という部位の英語の頭文字の略語です（次ページ図参照）。

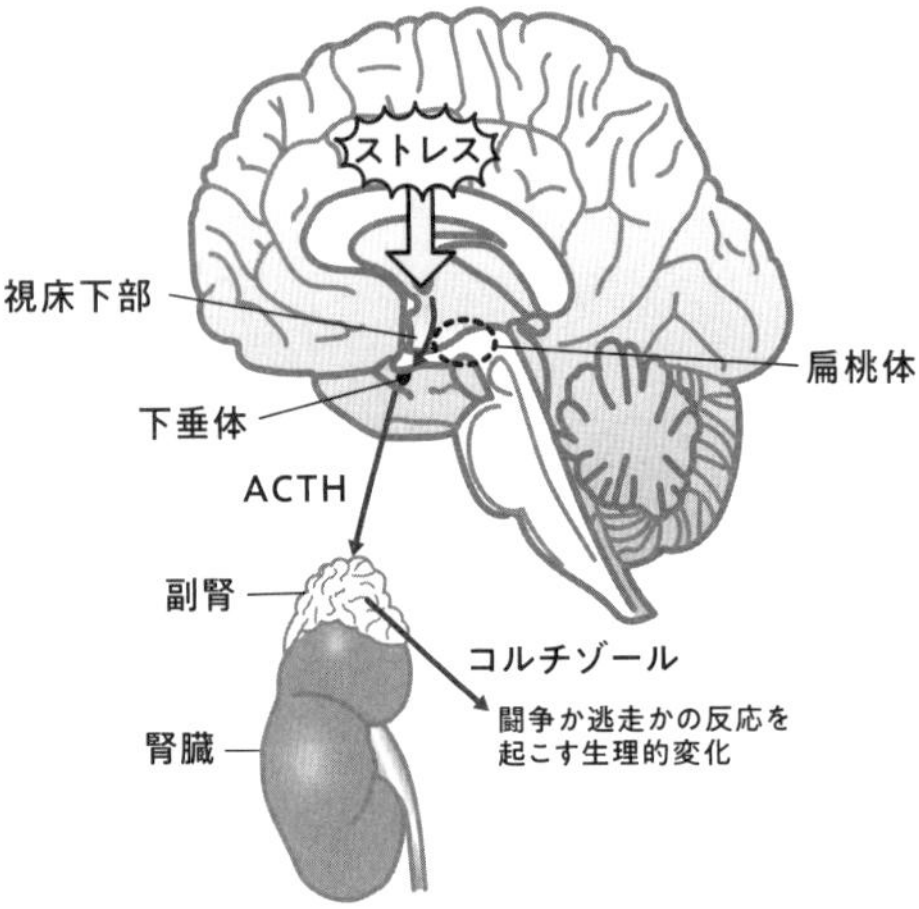

ストレスを感じると、最初に「扁桃体」というところで認識されます。そこから各種ホルモンを放出することで「視床下部」、ＨＰＡ系の「下垂体」、「副腎皮質」へと情報を伝え、「副腎皮質」から「ＧＣ（コルチゾール）」を放出してストレスに対応します。

そのとき脳はストレスに対して、「闘争」か「逃走」かの選択をするのです。つまり、同じ「トウソウ」という音でも、ストレスに立ち向かうか、逃げるかのどちらかを選ぼうとするのです。

しかし、ストレス反応が促進されつづけると、「ストレスの呪縛」から逃れられなくなってしまうのです。

脳のメカニズムとして、促進する働きには必ず抑制機能もセットされています。ストレス処理の中心となるＨＰＡ系の回路を抑制する、つまりストレスをやわらげる働きを手伝うのが記憶の貯蔵庫でもある「海馬」です。そのため、「ストレスの呪縛」というのは、ストレスを抑える役割を担う1つの「海馬」が委縮してしまうことと関連しています。

「海馬」が委縮するとストレスを抑制しにくくなるというのは、「闘争」か「逃走」かも判断できず、ストレスを受けつづけ無防備になる状態ともいえます。

ストレス反応がつづくと、「海馬」の別の機能として記憶が蓄えられにくくなります（くわしくは『ストレス』と『記憶』の関係」の項目でも触れます）。結果的に、過度のストレスが与えられると、記憶が蓄積されず、その状況を覚えていないなんてことも起こりえるのです。

そのため、「海馬」はストレス反応に、欠かせない脳の部位ともいえます（「海馬」以外にも、このストレス反応を抑制する方法がたくさんわかっているので、「ストレスとの付き合い方」について、いくつかお話ししたいと思います）。

ストレスをいかにコントロールするか？

ストレスをコントロールするためには、ストレス反応の結果、放出されるコルチゾールの分泌を抑える働きが必要になります。

「未熟脳」のところで触れたように、ここでもある受容体を増やせば、抑制機能が強化されます。それは、ストレス反応を抑える作用に効果的な受容体の1つである「ステロイド受容体」です。

子どものころにあまり養育されなかったラットの実験では、安心した体験が少ないと、セロトニンの分泌量が少なくなります。セロトニンが不足すると、その下流にある「ステロイド受容体」の発現が低下します。

しかし、よく養育されているラットではセロトニンが多く分泌され、「ステロイド受容体」が多く発現するという結果が得られています。

子どものストレスに対する耐性を育てていくためには、一見すると遠回りのようですが安心させることが大切になります。まさに、子ども時代の安心感を満喫した生活が、「ストレスに強い心」をつくってくれるわけです。

今は泣き虫でも、まったく心配はありません。しっかりと抱きしめて、安心させてあげたほうが、じつはたくましく、がまんできる、ストレスに強い子どもに成長してくれるのです。

「ストレス」と「記憶」の関係

「プレッシャー」がかかる場面では、「学習能力」はどうなるか？

次のような状況を思い浮かべてください。

あなたは劇団に所属しています。あと30分後に舞台がはじまります。しかし主役が体調不良のため、急きょ舞台のそでで大道具として進行を見守っていたあなたに白羽の矢が立ってしまいました。

あと30分で主役のセリフを覚えなければいけません。さあ大変です。それまで、２人で一役をするケースや代役候補としてセリフを練習していたらチャンスかもしれません。しかし、まったくはじめての役のセリフをゼロから覚えなければならないこのようなとき、何度読み返してもまったくセリフが頭に入ってこないのではないでしょうか？

状況は異なれど、似たような経験をしたことはないでしょうか？

ストレスの重要な経路であるＨＰＡ系回路の抑制をつかさどる「海馬」は、記憶や学習の場でもあります。

しかし、強いストレスがかかった状態だと、「海馬」の機能が低下するため、記憶が蓄えられにくくなり覚えられないのです。

強いストレス下では、運動でも学習でも記憶が遮断された状態になってしまうので、何も学ぶことはできません。

したがって、**プレッシャーの強すぎる指導は、子どもの安心感にも学習にもマイナスの影響にしかなりません。**

強いストレスが、心身に与える影響

自転車に乗ったり、泳いだりするような身体を使った動きの記憶は、「小脳」に蓄えられ、それ以外の記憶は、まず「海馬」に蓄えられ、その後「大脳皮質」に転送されます。

慢性的なストレスを受けていると、継続的にストレスホルモンであるコルチゾールに暴露されつづけることになります。

すると、神経を過剰に興奮させてしまいます。そのため、エネルギー源である糖の供給が阻害されると、神経を死滅させ、記憶の貯蔵庫でもある「海馬」の萎縮をきたし、機能低下が起きてしまいます。

そうなると、不安・緊張のコントロール不能状態になり、抑うつ状態になってしまうことにもなりかねません。

幼児期に虐待などの強いストレスを受けていると、ステロイド受容体も少なくなってしまうために、よりストレスに弱い脳になってしまうのです。

そして、記憶の形成が阻害されると、経験から失敗や成功を学ぶことができず、同じことを繰り返してしまうことになります。

しかし、マイナスの記憶の処理ができるようになると、ストレスの処理も上手にできるようになります。このことは、次の「トラウマ」記憶を弱めるもののところで、じっくり考えてみましょう。

「トラウマ記憶」を弱めるもの

子どもには元来、「トラウマ」を弱める力が備わっているのです

「トラウマ」とはなんでしょう？

「トラウマ」という言葉自体は耳にしたことはあると思いますが、どのような意味かと聞かれて、正確に答えられるでしょうか？

専門的にいえば、「トラウマ」とは「予測できない状況に対する対応困難な状態が、記憶され、再体験させられて過覚醒を繰り返しながら、麻痺・回避という防衛反応を

行うという記憶の問題」です。

子どもはトラウマ（対応困難な記憶）を、安全で信頼できる仲間たちとの「遊び」という行為を通じて、自分が受け入れられるような現実的な記憶に書き換えていく作業をすることができる、といわれています。

たとえば、震災のときの子どもの地震ごっこや津波ごっこなどは、大人の目から見ると不謹慎で許されない行為のようにみえるかもしれません。しかし、これは子どもがトラウマから回復していくためには非常に大切な行為なのです。

東日本大震災のときは、大人たちの精神的なダメージが大きすぎたために、子どもたちへのケアが遅れることになってしまいました。そのため、子どもたちは通常より長い間トラウマに苦しめられるような状況もみられたようです。

脳の回復する力を助けてくれるもの

「トラウマ＝記憶の問題」の処理が適切に行われないと、「心的外傷後ストレス障害（PTSD）」という記憶にさいなまれる状態がつづくことになります。

では、いったん「トラウマ」となってしまった記憶を、「PTSD」にまで高めないようにするにはどのようにすればよいのでしょうか？

そのためには専門的にいえば、脳の「神経新生」を促進すればよいのです。そうすると記憶は早く「海馬」から消去され、「大脳皮質」に転送されるため、「トラウマ」が「ＰＴＳＤ」の発症へとつながる可能性が低くなるのです。

では、脳の「神経新生」を促進するには、具体的にはどのようにすればよいのでしょうか？　簡単な方法の１つとして、食事による影響があります。

交通事故による突然の死という理不尽な状況に遭われた遺族の方々に対して、少しでも早く記憶をやわらげてあげるために、ある物質を３か月摂取していただき、脳の「神経新生」が促進されることを目指した研究もあります。

その結果、交通事故に遭った「トラウマ記憶」が、「海馬」に蓄えられていた期間が短くなり、そのことによって「ＰＴＳＤ」の発症率を低下させたということでした。

その物質とは、青魚などに豊富に含まれるＤＨＡです。食事のなかで、なかなか摂取することが難しい方は、サプリで摂取することもできます。

「痛いの痛いの飛んでいけー」は脳に効く

最近では「神経新生」に運動による効果も非常に期待され、それにもとづいたアプローチも積極的にみられるようになりました。

運動を行うと、「海馬」において「ＢＤＮＦ（脳由来神経栄養因子）」という物質が増加します。「ＢＤＮＦ」は、筋肉のたんぱく質や脂肪の代謝をよくするだけではなく、「神経新生」を盛んにすることも報告されているのです。

抑うつ症状の患者さんの治療に関しては、有酸素運動と同時にレジスタンストレーニングという高負荷のウェイトトレーニングの効果も期待されています。

また、皮膚をなでるような優しいマッサージも効果的なようです。有毛細胞の皮膚刺激によって、側坐核を通じた心地よさが感じられるようになるからだそうです。

子どものころお母さんに、やさしくなぞってもらいながら「痛いの痛いの飛んでいけー」とやってもらっていたことは、まやかしではなく、しっかりと脳が反応して痛みをやわらげてくれていたんですね。

子どものストレスとの向き合い方と同じくらい、それを受けとめる大人側にもそれ相応の知識やスキルが必要になります。

子どもと自分自身のストレスを受けとめる力を高めるためにも、これからお話しする「ストレスとの向き合い方」や「処理のしかた」を一緒に学んでてみてください。

「ネガティブな感情」の適切な処理のしかたを覚えよう

子どもの「ネガティブな言葉」は、すぐに否定しないでください

子どもが「りこちゃんなんて大嫌い！　明日はもう幼稚園に行きたくない」などといったとき、お母さんはどう答えればいいでしょうか？

「そんなこと、いうものじゃありません。このあいだは、りこちゃんのこと大好きっていっていたでしょう。仲よくしましょうね」

などといった言葉を何気なくかけてしまうかもしれません。

しかし、このとき往々にして、子どもの本心は実際にりこちゃんが嫌いなわけではありません。今日あった出来事で、りこちゃんをある意味、一時的に嫌いになっているだけなのです。

そのとき、お母さんがこのように「そんなこと、いうものじゃありません」と答えてしまうと、子どもは、自分の言葉を否定されてしまったように感じ、こんなことはいわないほうがよかったのかなと思ってしまいます。

言葉にふたをすることはできても、感情にふたをすることはできません。

頭のなかで思っても言葉に出さないようなメカニズムがしっかりできてしまっている子は、本音が出しにくくなってしまいます。

それが過度に強化されると、「緘黙《かんもく》（家では話せるけれど、学校などの特定の状況や場面で話ができないこと）」になってしまう子どももいます。

未熟な段階の子どもの言葉は、大人が理解しているような意味合いで使っているとはかぎりません。それを否定してしまうと、ちょっとしたいやな気持ちや感情の処理のしかたがわからなくなってしまいます。

言葉を直そうとするよりも、「行動のバリエーション」を一緒に考えよう

それでは、悪い言葉をどんどん出せる子どもに育てたほうがよいのでしょうか？ それはちがいます。**大切なことは、言葉を直すことではなく、「そう感じたときにどのようなことをすればよいか」という行動のバリエーションを広げることです。**そのことによって、脳のネットワークも広がっていきます。

否定も肯定もされないで感情の処理のしかたを学ぶことによって、今後のストレスに対する耐性が、脳のなかの他者理解や社会性、モラルなどに関する前頭眼窩野《がんかや》という領域を中心に育っていきます。

そして、「感じたことをどのような行動で示せばよいか」という行動のバリエーションが広がると、安心できるネットワークも広がっていきます。

ちょっとしたストレスを、自分のなかに抱え込みながら行動できることが、ストレス耐性を育てるには重要です。

しかし、身体的・心理的虐待のような直接的な大きなストレスや、ＤＶ（家庭内暴力）のように間接的でも子どもが触れつづけるような、だらだらと長いストレスは、子どもの安心感を壊しつづけ、子どもの耐性を育てる視点からは、逆効果になります。

「失敗しないようにすること」より、「失敗したときの対応する力」のほうが大事

思春期に、なかなか「ネガティブな感情」を出せずに苦しんで、そのたびに自分を傷つけてしまう子が、こんなことを教えてくれました。

「自分のなかには善意の自分がいて、悪いことを考える自分を駆逐《くちく》してしまうんです」

ここでも大切なのは、「ネガティブな感情」をできるだけ出させて、その感情を処理するための方法のバリエーションを考えていくことです。

また、今の時代は、失敗しないようにする考え方が非常に強いように思います。

しかし、**思春期の子どもの脳の成長には、正しいことだけを教えるよりも、その子が失敗してしまうような、まだ十分に理解ができていないことを拾い上げて、気づかせてあげることが重要です。**

失敗しないように子どもを修正するのではなく、失敗を最小限に食い止め、失敗し

たときの対応するバリエーションを広げるほうが、その子の脳のネットワークを広げやすくなるのです。

そして、子どもが実感をともなわないまま、無理やり理解させようとするのではなく、その子のとらえ方に応じて「適応できる行動」を経験を通して身につけていくほうが、脳のネットワークに伝わりやすくなります。

「環境」は制限しても「行動」は制限しない

スーパーで買い物をしていて、子どもが「ギャー」となったら

幼い子どもを連れてスーパーで買い物をしている場面を想像してみてください。子どもが「あれがほしい、これがほしい」といって、ダダをこねながら騒ぎ出したり、いろんなものに手を出したりしています。

お母さんはあわててその行為を止めようとすると、子どもの必殺の「ギャー」がはじまってしまいました。

お母さんは「無視」をしようとしても、周囲の視線が痛いほど突き刺さります。

そんなとき、ベテランのお母さんから「大丈夫ですか？」といった、神の声をかけていただくこともまれにありますが、神様はそんなにたくさんいません。

多くの場合は、とくに年配の男性の方からの厳しい視線が多く、ときには心ない言葉で「うるさい！　静かにさせろ！」と一喝されてしまうこともあります。

子育てをしているお母さんは、こんな経験もおそらく一度や二度ではないはずです。

このようなとき、どうすればよいのでしょうか？

まだ未熟な段階である子どもの脳のネットワークをつなげるためにも、ただひたすらがまんしかないのでしょうか？

保育園内や幼稚園内のように、子どもの特徴を理解してもらえる環境であれば、ある程度の行動は許してもらえることもあります。しかし、公共の場では、厳しい状況に陥ってしまうことのほうが圧倒的に多いのではないでしょうか。

このような場面での最良の方法は、黙って撤退あるのみです。子どもの行動を強く制御しなければいけない場所には、まだ子どもを行かせることを控えてください。

いったんその場から離れて、子どもが落ち着いた状態になったら、子どもの「できるルール」を一緒に考えましょう。そして、自宅で対策をもとにロールプレイングをして、できるようになったら、段階的に次回のチャレンジを考えていきましょう。

子どもにとっては、「できない場面」で責められるより、今はまだその場所に行かないで、1つひとつ階段をのぼりながら、できるようになったら行く。このほうが脳のネットワークの成長にもつながります。

幼児期の子どもの未熟な脳を育てていくためには、失敗させないような行動を教えていくことよりも、**「失敗したときの対応のバリエーション」を広げていくアプローチと、それが「許される環境」のほうが大切になるのです。**

その子に合った「できるルール」を一緒に考えよう

公共の静かにしなければいけないような場面での反応は、兄弟や姉妹でも子ども1人ひとり異なります。あっさりと対応できる子や、なかなかできない子など、さまざまです。**子ども1人ひとりに合わせて、その子だけのルールや目標を一緒に考えてみてください。**

ルールや目標は大人が決めるものではなく、あくまで実践するのは子どもなので、子どもの意見を取り入れながら考えることが絶対条件です。

行動が激しい傾向のある子の場合には、お母さんも出かけられる場所が少なくなってしまうかもしれません。

ただし、「行動が制御しにくい」というのは、脳の機能的な視点からは、悪くいうと「がまんができない」、よくいうと「意志が強い」お子さんという意味でもあります。

幼いときの対応が大変な子どもほど、しっかりとその子の成長に合わせた対応をしてあげれば、「未熟脳」の話でも述べたように「抑制系の機能」が成長しやすくなります。

そうすると、思春期のころには、逆にしっかりと自分の意思が発揮できるようになり、自立しやすい子になります。

「環境は制限」しても、「行動の制限」は最小限にとどめましょう。

一見すると困った行動も、「子どもの視点」で考えてみてください

「えっ！　なんで、ここでそんなことをいうの？」

あるお母さんが、子どもと一緒にＡＴＭの列に並んでいるときのことです。列の前のほうに髪の毛の薄い中年の男性が並んでいました。すると、子どもが「ママ～、あそこにハゲのおじちゃんがいるよ」と大声で叫んだのです。

お母さんはすかさず、「そんなことをいったら、いけません」といいました。子どもは、さらに大きな声で「どうして、だってハゲてるんだもん」と叫んでしまったそうです。

お母さんはその方に申し訳ない気持ちと、周囲への恥ずかしさで、いたたまれなくなり、急いでその場から立ち去ったそうです。

子どもの言葉は、大人が感じているような悪意はないのですが、あまりにもストレートすぎるため、逆に大人は傷ついてしまうことがあります。

このような場合、「大人の視点」で考えると困った行動ですが、「子どもの視点」で考えると、気になってしょうがないハゲのおじちゃんを発見したことは、子どもの好奇心をくすぐる大発見なのです。

そして子どもは、ハゲのおじさんのことを、大人が考えているように必ずしもネガティブなイメージでとらえているとはかぎりません。

このようなときの「子どもの視点」に合わせた大人の適切な対応とは、子どもの発見を認めつつも、周囲に適応できる行動を一緒に考えてあげることです。

そうすると、再現性のある適切な行動が増えると同時に、子どもの思いも認められ、子どもの脳のネットワークは広がっていきます。

では、実際にどのように対応すればよいのでしょうか？

この場合にも、まず「環境は制限しても、行動は制限しない」を意識してください。

子どもが思ったことをそのまま口にしてしまった場合、その場で子どもとやりとりをすることは、刺激を高めてしまうことにしかなりませんので、このお母さんのようにその場から立ち去るのが正解です。

できれば、子どもとやりとりすることなく、すぐに退散したほうがよいと思います。

せっかくＡＴＭの列に並んでいたのに……という気持ちもわかりますが、これから先のことを考えると早く対策をしたほうがトラブルも小さくてすみます。

「やってしまいそうなこと」を想定して、対応を子どもと一緒に練習しておこう

では、１つの例として、そのお母さんがつくったルールです。

その子は、どうしても髪の毛の薄いおじさんが気になってしかたがないようでした。

そこで、「もしハゲのおじさんを見つけたら、お母さんの耳元で小さな声で『ハゲのおじさんを見つけたよ。あっちにいるよ』と教えてね」というルールと、それがで

きたらポイントを与えることを子どもと一緒に決めました。

そして、このときに必ずやらないといけないのは、視覚的なシミュレーションを実際に行ってみることです。言葉だけでは子どもには通じません。実際に発見したときの練習を自宅で練習してから本番に臨むのです。

実際にシミュレーションをしてみると、子どもは思わぬ行動をしたりします。思った以上に大きな声で周囲に漏れるような声で話したり、笑いながら相手に気づかれるような指差しをしたりなどです。

大人の常識は、子どもの常識ではないので、面白い間違いにたくさん出会えます。何度も練習を繰り返して、これを卒業したら実践編です。

そのお母さんによると、外に出かけたときは、楽しいのかポイントを獲得したいためなのかはわかりませんが、その子は走り出して今まで以上に髪の毛の薄いおじさんを探すようになったそうです。

しかし、シミュレーションどおりに、周囲に気づかれないように耳元で話すことができるようになり、お母さんもひと安心したそうです。

そして、約束した行動ができたことに対して、ポイントを与えてほめることもできたそうです。

その後、「太ったおばさん」や「怖そうな格好をしたおじさん」など、その子の興味の対象は変わっていったそうですが、耳元戦略は生きていたために、なんとか難を逃れることができたそうです。

お母さんは、いつまでこのような興味対象がつづいていくのか心配にもなったそうですが、いいつづけることで意外と早く卒業して、口に出さないでもいられるようになったそうです。


また、それだけではなく、その子の成長とともに思わぬ産物もあったそうです。

その子は、困っている人や1人でいる子を見かけると、そーっとかけ寄り、何気なく声をかけたりするようなおせっかい焼き（よい意味で）になってしまったようです。

「人間観察に興味を持ったことで、いろんな人を受け入れたり認めたりする心が育ってくれたのかもしれない」と、お母さんはうれしそうに話してくれました。

「あきらめることができる力」も大事

楽しみにしていた幼稚園のお泊まり会だったのに……

ストレスと向き合ううえで、「感情のコントロール」はとても大切ですが、子どもの「抑制できるネットワーク」をつくることは非常に難しいものです。
ただし専門的にいえば、脳の抑制性神経伝達物質である「ＧＡＢＡ」の回路のネットワークがしっかりと育っている子は、幼児期からその力を発揮します。

具体的な例のほうがわかりやすいと思うので、ケンちゃんという幼稚園の年長さん

にあった出来事を紹介します。

ケンちゃんは、幼稚園の年長さんの元気な男の子です。来週の幼稚園のお泊まり会に向けて準備万端です。

お泊まり会での虫取りのためのシミュレーションや、そこで取れる虫の勉強までしていて、自宅では毎日お泊まり会の話で盛り上がっていたようです。お泊まり会の数日前からは、1人でリビングで寝る練習まではじめました。

ところが、なんとケンちゃんはお泊まり会の前日に38度台の熱が出てしまったのです。

お母さんが「明日のお泊まり会はどうする？　熱があるから明日はお休みしようか」というと、ケンちゃんは「もし熱が下がったら行ってもいい？」といってすぐに寝てしまいました。

しかし、翌朝もケンちゃんは37度台前半の微熱がありました。

お母さんは「ケンちゃんどうする？　もし行ったとしてもすぐに迎えに行かないといけないかもしれないよ」といいました。

すると、ケンちゃんはお母さんに背を向けたまま「今日は雨だし、みんな虫取りに行かないかもしれないから、いいや」といって、そのまま部屋に戻って寝てしまいました。

このときのケンちゃんの反応に、お母さんは感動して涙してしまったそうです。

こんなにも準備をして、楽しみにしていたことをあきらめることは、子どもにとっては受け入れられないほど大きな問題であったと思います。まだ幼稚園の年長さんには、あまりにもつらい決断だったと思います。

それなのに、周囲に強がりながら現実を受けとめ、同時に泣いている姿を見せたくなかったのか後ろ向きで答えるケンちゃんの姿に、お母さんは子どものすごみや成長を感じたのです。

「自分でコントロールできないこと」を経験し、乗り越える

幼稚園のお泊まり会は年長の一度しかなく、「なんとか行かせてやりたい」と思う気持ちは、子どもを持つ親御さんなら誰しもが同じ気持ちだと思います。

親心で、ちょっとくらい無理させたり、ごまかしてでも行かせてやりたいと思うかもしれません。しかし、このような場面で子どもが自分で決断できることが、成長には重要なのです。

とくに、**「がまんできる心」は、自分でコントロールできないことを経験して、それを受けとめることによって育っていきます。**

このときに、大人の視点で、子どもの世界に入り込みすぎては、子どもの成長の妨げになってしまうことにもなりかねません。

ただ、楽しみにしていた行事をあきらめるというような、つらい体験は親としてはあまりさせたくないものです。

ケンちゃんのお母さんも同様で、その後、家族全員でお泊まり保育で行くはずだった場所に出かけて、一緒に虫取りを楽しんだようです。

「つらい記憶」を「楽しい記憶」に書き換えられたことは、子どもにとっても笑い話として、今でも家族のなかでは語り草になっているということです。

一生懸命にがんばったことを「あきらめることができる力」は、前に進んでいくための大きな原動力になります。

それは人生で困難が訪れたときにも、**「自分を支える力」**になってくれるはずです。

「思春期の子どもの言葉」のなかにある本当の意味

思春期でも、まだ自分の伝えたいことをちゃんと表現できるわけではありません

思春期の子どもの激しい言葉のなかには、必ずしも本当に伝えたいことがあるわけではありません。

その時期の一見すると激しくみえるような言動は、真意を見えにくくしています。

思春期の子どもでも、まだ自分が伝えたいことを正確に伝えることが苦手で、ときには情動が前面に出てしまうような反抗的な言葉の表現であったり、逆に緘黙であったりと表現に困っている子は多くみられます。

そのようななか、大人は思春期の子どもの情動に巻き込まれないようにしながら、真意に迫ることが大事です。

まずは、そのためにも**子どもの思いに耳を傾けてみてください。**

2章で紹介したACTの「聴くスキル」を思春期前までに子どもに実践しておくと、思春期の子どもとでもコミュニケーションがとりやすくなります。

しかし、思春期前に「聴くスキル」のトレーニングができなかった子どもでも、思春期から「聴くスキル」を養うことは可能です。ただし、かなり腹をくくって向き合わなければいけませんが。

「子どもの言葉」の奥にある声に、耳を傾けてください

実際に、こんなことがありました。

ある日、15歳くらいの男の子が目を吊り上げて、すごい形相で私のクリニックの診察室に入って来ました。

そしていきなり、こういいました。

「俺は戦争をして人をたくさん殺して牢屋に入りたい。できれば、たくさんの人をザクザク殺して自分も死にたいんだ」

このとき、みなさんならどのように対応するでしょうか？

「そんなことをいってはダメだよ。もっと自分を大切にしなくちゃいけないよ」とか、「人を殺すなんて、してはいけないことだよ」とか、「死んではいけないよ」などと答えそうになりませんか？

まず、**激しい感情をそのまま言葉にして話してくる思春期の子どもの真意は、その言葉のなかにはありません。**

大人は、思春期の子どもの言葉の鋭さに反応しすぎてしまい、つい「死ぬ」とか、「殺す」とか、このようなワードに過敏になってしまいがちです。しかし、**大切なのは、その子が何を伝えたいのかを知ることです。**

しっかりと子どもの気持ちを確認しながら、言葉をしっかりと聴きとりながらというのは、ＡＣＴの「聴くスキル」のときと同じです。

実際に私が話を聴くと、本人が話してくれたことと同じ内容の話を繰り返しているにもかかわらず、何度も何度も私の言葉を否定しながら、その子の言葉が、自分が伝えたい内容に徐々に変化をしていくのです。

最終的に、その子は「安全な場所さえあれば、こんなことを考えたくないんだ。担任の先生に『こんなことをしていたら将来、刑務所に入れられるぞ』といわれたことが、毎日毎日夢のなかに出てきて、黒いものが自分に話しかけてくる。それが怖くて眠るのが怖いんだ」と話してくれました。

その後、その子のはじめの激しい表現は、自分が伝えたい表現に変わっていき、表情もみるみるうちにおだやかになっていきました。

思春期の子どもの激しい言動は、その言葉のなかに感情はうごめいていますが、真意はそのなかには見出せないのではないか、と私は考えています。

だからこそ、**子ども1人ひとりの思いをしっかりと聴いてあげて、それをしっかりと伝えてあげるだけで、子どもは自らのなかにある本当に伝えたいことに気づき、自分の力で歩みはじめていくきっかけになるのです。**

「回避する」というのもストレスと向き合う大切なスキル

「その場しのぎ」は必ずしも悪いことではありません

ここでは、ストレスと向き合ううえで欠かせない「回避スキル」について紹介します。「回避スキル」とは、子どもがその行動をとることで、文字どおり自分にとって悪いことから回避するスキルです。

「回避スキル」によって、ネガティブな感情や自分にとって都合の悪い状況から、避けることができます。

危機的な状況に陥ると、脳は「闘争」か「逃走」のどちらかに反応します。しかし、私たちは、直面している状況に向き合う「闘争」ばかり強いられてきて、「逃走」するスキルをほとんど教わっていません。

でも、多くの人は「逃走」するための「回避スキル」を知らず知らずのうちに学んでいるのです。

たとえば、子どもが「とりあえず謝っておけば、その場をしのげるだろう（近い例を後述します）」というはよくある行動です。

もちろん大人からみれば、そのような考え方にもとづく行動では、本質的な理解は進まないし、何よりそのような態度に腹立たしくなることもあるかもしれません。

しかし、「未熟脳」の段階の子どもの反応としては、「とりあえず謝っておいて、その場をしのぐ」のは適切な「回避行動」といえるのです。

このような体験を通じて、子どもは悪いことを避けたり、乗り切ったりする経験を重ねていくことで、行動のバリエーションを広げることにもつながるのです。

思春期には、「回避する行動」も子ども自身に気づかせる

思春期前までの子どもには、「回避する行動」を一緒に考えて、実際に視覚的な

ロールプレイングを行いながら、自分ができる行動を探していきます。

しかし、思春期の子どもや、自己評価が低くなってしまった子どもに対しては、「一緒に取り組もう」などと声をかけても、強要されていると感じたり、責められているように感じたりするために、せっかくの声がけが逆効果になってしまうことが多くあります。

したがって、このような場合には、お父さんやお母さん自身が悩んでいることを子どもに聴いてもらいながら、解決策を教えてもらうようなかたちで考えを引き出したりするのも1つの方法です。

また、子どもから、なかなか代替案が出てこない場合には、大人側の考え方を示すことで、本人に気づいてもらうようなアプローチをすることも有効です。

ただし、大人側の悩みを話す場合には、現実の話である必要はまったくないので、思春期の子どもが抱えきれないような重い話にはしないようにする配慮が必要になります。

思春期の子どもには、教えてあげるのではなく、自らで気づいてもらうようなアプローチが大切なので、黒子に徹してください。**気づいたのは自分だと思わせるのです。**

子どもが自ら「回避スキル」を見つけたときには、ほめることで、子どもは「適切な行動」だと意識しやすくなります。つまり、「回避できていること＝成功」だと、子どもに意識させるのです。

これは、ちょっとしたことでの成功体験が得られるようにするためです。大きな壁となる出来事も、小さな階段を少しずつのぼっていくことで、克服することができます。「やればできる」という可能性を感じさせてあげるのです。

それを大人が力を貸しすぎて、一気に頂上まで連れて行ってあげることは、子どもの経験にも自信にもなりません。

「小さな階段をじっくりとのぼる」という感覚を、子どもと一緒に味わうことが大切です。すると、子どもはより積極的に、自分の考えにもとづいてできる「回避スキル」のバリエーションを広げようとします。

子どものネガティブな感情は、無理に封じ込めようとしない

子どもの「ネガティブな感情」に接したときには、親御さん自身の「回避スキル」

も問われます。

「子どもが困っている。どうにかしてあげなければいけないのに、どうしたらいいの？」と、なぜか親御さん自身が責任を強く感じすぎることはないでしょうか？

親御さん自身の「回避スキル」のバリエーションが少ない場合、何かの壁にぶつかって子どもが泣いたり悲しんだりしている情動を、どのように扱えばよいのかわからないために封じ込めるケースも少なくありません。

子どもがせっかくネガティブな表現によって自分のリアルな情動を示してくれているのに、「泣かないの！」「イライラしないの！」などと親御さんが力づくで抑え込んでしまうのです。

それゆえ、まず大人のほうが、「回避スキル」のバリエーションと、自らの情動のコントロールを身につけなければいけないともいえます。

「回避スキル」のバリエーションを広げるには、お笑いコンビのぺコパの松陰寺さんのように、ネガティブな出来事でもポジティブにとらえるスキルも参考になります。

「回避」から学べることもたくさんあります

では、具体的な「回避スキル」の例をみていきましょう。

今日もお母さんのいつもの長い説教がはじまりました。

しかし、その子は今日友だちと遊ぶ約束があり、なんとしてでも早く出かけなければならなかったようです。

そこで、すぐにその子は「ごめんなさい。自分が悪かったです」と謝りました。すぐに謝ったため、反省しているのかと思ったお母さんは、いつもより説教が短くなり、「次からは気をつけてね」で終わってしまったそうです。

早く謝ることで長い説教から回避できることを学んだその子は、その後、反省していないことがバレないようにするためなのか、より早く回避するためなのか、謝り方も核心に迫る勢いで上手になり、謝り方のバリエーションも増えていったそうです。

「回避スキル」は、子どもにとって本質的な理解をともなっていないことも多いかもしれません。そして「回避スキル」にもとづく行動をとると、大人は「本当に反省していないのに都合よく立ち回ってごまかしているだけだ。本当は反省していないので許せない」と感じるかもしれません。

しかも、謝り方が上手になっていく子どもの様子は、なんとなく卑怯者のように感じられる方もいるかもしれませんが、子どもにとっては生きていくための大きな武器になっているのです。

「回避スキル」とは、いわば「自分を守る術」を獲得しているのです

子どもがこのような「とりあえず、すぐに謝ればいい」というような対応をしてきた場合、意図がわかっていても、あえて見逃してあげることのほうが、子どもの「回避スキル」を育てていくためには大切です。

それに、**大人がしなければならないのは、怒ることで自分自身の感情を吐き出すことでも、謝罪する子どもの姿で自分自身の感情を満たすことでもありません。**

大人がすべきは、子どもがストレスにうまく向き合い、処理する力を持たせてあげることではないでしょうか。

ストレスと向き合ううえで、欠かせないのが「闘争」と「逃走」

逃げるのは恥ではなく、立派な「回避スキル」

「やられたらやり返す、倍返しだ」

テレビドラマ「半沢直樹」のセリフは現代の水戸黄門の印籠《いんろう》のようで、なんとなくワクワクしてしまいます。

私のような昭和生まれの世代はストレスを感じたときに、戦うスキルばかり教えられてきました。したがって、このようなセリフはストンと受け入れられやすいものです。

しかし、子どもの脳を育てるには、このような対応だけではダメです。

同じ「トウソウ」という音でも、もう1つの「逃走」のための「回避スキル」を教えることが大切です。

私たちの年代だと「逃げるは恥」とか「卑怯者」のレッテルを張られてしまったものです。ですから、「逃げ方のスキル」などというものは、ほとんど教えられていませんし、バリエーションも少ないかもしれません。

しかし、「闘争」という敢然《かんぜん》と立ち向かう姿勢と、「逃走」というしなやかにかわすスタイルの両方のスキルを持つことが、ストレスに対処するにはどうしても必要になってくるのです。

また、**「子どもの脳の成長」という視点で考えても、失敗に引きずられすぎたり、固執しすぎたりしないようにするためには、失敗してもそれを最小限に留めて、先に突き進んでいくことができるような柔軟性が必要になってきます。**そのためにも、圧倒的に欠けている視点が「逃走」です。

そしてこの「逃走のスキル」は、ストレスと共存していくうえで、最も大事なスキルの1つになるのです。

「逃走」のための「回避スキル」のバリエーションが増えると、ストレスを感じたときの対処のしかたの選択肢を広げることにもなります。

いじめは「安全感の育ち」に問題がある子に多くみられます

何ごとにも信念をもって一途に向き合うのは大事なことです。

しかし、自分が考えたことに固執しすぎるあまり、結果ばかりを重視しすぎてしまうと、本質的な成長からはずれてしまうことにもなりかねません。

また、思いが強すぎると、思いどおりにならない結果を受け入れることが難しくなってしまうかもかもしれません。

つまり、自己ではなく、結果や他者を「コントロールする対象」としてばかり見るようになってしまうのです。

そうなると、本来身につけるべき「自己コントロール力」ではなく、結果を追い求めて「他者へのコントロール」に意識が向いてしまうことにもなってしまいます。

思春期の子どもの自己評価を高めるためには、「他者からのコントロール」からの脱却と同時に、「自己コントロール力」を高めることが重要になってきます。

「他者からのコントロール」に翻弄《ほんろう》されやすく、脱却が難しいのが、いじめの問題です。

いじめには、人間が本質的に持っている「他者へのコントロール」の問題が背後にあると私は考えています。

子どもが「自分を大切な存在」として認識しているか、内側前頭前野の成長でみられるような「他者に対する痛み」を感じる心がしっかりと育っているか、それらが欠けている子に、いじめの加害者となる傾向が強いからです。

いじめは、「安全感の育ち」に問題がある子どもに多くみられます。いじめの行為が「他者へのコントロール」というかたちで表出する場合は、単にいじめをしないようにするだけでは、根本的な解決にはなりません。

いじめがやめられない子は、周囲をコントロールすることによってしか、自分の安心感を勝ち取ることができないからです。

だからこそ、**「愛着」をベースとした安心できる心を育てていくことや、思春期に「経験」を通して、内側前頭前野のような相手の痛みに関する領域となる「共感する力」を育てていくことが大切になります。**

いじめられた子の悲痛な心の叫び

「いじめ」というと、自分の子がとくに被害を受けている渦中にいない場合、対岸の火事のように思うかもしれません。

しかし、実際に私がクリニックで診てきた子どもは、次のように語ってくれました。

「俺の心の傷は二度と消せないんだ。俺は中学生になったら死ぬと決めているんだ」

そう強く言い放つ小学6年生に対して、どのように向き合ってあげればよいのでしょうか？

いじめによって、自我を徹底的に否定されつづけたこの子の叫びに、私たちは何ができるのでしょうか？

この子たちは特別な子どもではありません。

いつなんどき、自分の大切な子どもがこのような思いにさいなまれることになっても不思議ではありません。

それを回避していくためには、どうすればよいのでしょうか？

その際に大切なのが、ストレスを感じたときの脳の働きになります。

そして同時に「逃走」のための「回避スキル」です。

人生では「逃げる強さ」も大事

ある男の子は、下校の途中にいつも同級生からからかわれて突き飛ばされたりしていました。それでも、この子はかぼそく「やめろよ〜」ということしかできませんでした。

しかしある日、がまんが限界に達したこの子は、いじめてきた同級生の身体に素早くタックルをして肩の上に持ち上げてしまいました。

じつは、この子はレスリングを習っていたために、タックルをして担《かつ》ぎ上げたり、相手を倒したりする動作は得意だったのです。

そのときは集団下校の途中で、周囲にいた大人の方があわてて止めたために、いじめてきた同級生を投げ飛ばさずに静かに下に降ろすことができたようです。

通常なら、「こんなことができるなら、なめられないように戦えばいいじゃないか?」と「闘争」の対応をすすめてしまいがちになります。

しかし、この子は相手と戦うことが嫌いで、生来優しい子でした。戦うことがいやな子が、「闘争」という視点で立ち向かうことはさらなるストレスを感じてしまいます。

そのため、できれば戦いたくないという思いでおとなしくしていたようです。実際に、この子は「戦わないですむ方法を知りたい」と私に話してくれました。

その後は、この子は同級生にちょっかいを出されても無反応でいたり、苦手な相手からはそーっと物理的な距離をとるようにして逃げたり、それでもしつこい相手に対しては、学校では職員室、下校途中では自宅まで全力疾走で逃げることができるような、逃げる場所も確保するようになりました。

「逃げる」というのは一見すると卑怯な手にも思えるかもしれませんが、戦いたくないという自分の気持ちを守り抜こうとするこの子の心は、恐ろしさを感じるほど強いものでした。

また、この子は「危ないと思ったときには、自分の存在を消して、その場をそーっと立ち去ることができるようになったんだ」と得意気に話してくれました。

「逃走」のための「回避スキル」を磨くことは、それまで「正面から立ち向かうのが正義」という価値観だと、人によっては心が折れそうになるくらい難しいものかもしれません。

しかし、「逃走」のための「回避スキル」を実践するのは、単に現実から逃げるのではなく、ある意味「闘争」以上に強い決意がなくてはできないものだということも、私はこの子から教えてもらいました。

あらためて、ここでいいたいのは「闘争」も「逃走」も、どちらが正解でもないということです。人によって、状況によって、どちらでもよいのです。

大切なのは、どちらを選択しても、その「子どもの視点」をしっかりと認めて、評価してあげることです。

この子のように、自分の視点に合わせた対応ができるほうが、逆にストレスを感じにくく、それが認められることで自信にもつながります。

さらには、安心感を獲得することにもつながり、ある意味、自分という存在を認められたうえでの「生き抜く力」も養うことができるようになるのです。

思春期までに、「回避スキル」のバリエーションをはじめ**「状況に応じて柔軟に変容できる力」**を養えると、自分自身を受け入れ、自己コントロールできる範囲内での「対応力」を身につけることにつながります。

その結果、外から見ると大変そうでも、取り組んでいる本人は安心感を得やすく、ストレスと共存しやすくもなります。ひいては、それが「心の強さ」を育むことにもなるのです。

思春期の子どもの心の叫びは「自傷行為」として出てくることも

なぜ、自傷行為をしてしまうのか？

思春期には、周囲に対して攻撃的になるような外交的な行動とは異なり、内向的に自分を傷つけてしまう行動の1つとして、自傷行為があります。

自傷行為がみられる子どもには、どのように向き合えばよいのでしょうか？

あるお父さんは、自傷行為を繰り返すわが子に「お父さんも、痛いんだよ」とそっと声をかけたそうです。

しかし、その子の自傷行為をつづけることに変化はみられず、そのお父さんは苦し

い思いにさいなまれたままでした。

もちろん、そのお父さんの言葉のように、子どもが自傷行為に陥ってしまっていることを目の当たりにするというのは、親御さんにとっては、まるで自分が傷つけられていると感じる以上にとても苦しいことだと思います。

だからこそ、子どもにしっかりと向き合っていくためにも、まず自傷行為のメカニズムに関して理解してほしいのです。

自傷行為は、耐え難い心の痛みを感じるような激しい情動の高まりを感じ、その感情にふたをするために行う、といわれています。

そして、そのような緊張が高まった状態になると、「エンケファリン」という脳内麻薬の一種が産出し、無感覚なマヒ状態になり、自傷行為をやり遂げることができるようになるともいわれています。

つまり、**自傷行為をすることで、苦しい感情から解放される状況をつくり出すため、繰り返してしまうというのです。**

自傷行為をつづけて身体の痛みに慣れてくると、ある意味、生きるためでもある自傷行為の効果が下がってしまうので、自傷行為そのものがエスカレートしてしまうこともあるといわれています。

「自分は人より下なんだという意識が強いから、自分の罪に対して補うために自分を傷つけている。傷を見ると満足する部分がある。自分を切ることでつらい現実を切り離しているのかもしれない」と話してくれた子どももいました。

自傷行為は正論でやめさせようとするのではなく、別の行動を一緒に考える

それでは自傷行為に、どのように対応すればよいのでしょうか？

自傷行為をやめるように言いつづけることしかないのでしょうか？

まず、**「自分のことを傷つけてはいけないよ」などと自制を促す言動は、自傷行為には逆効果だといわれています。**

自傷行為によって、ある意味、心のなかの苦しみに一時的にふたをして生きながらえている子どもに対して、その行為を止めるだけの言動は、逆にその子の唯一の苦しみから逃げる道を遮断してしまうことにもなりかねません。

自傷行為に対する対応も、幼児期のネガティブな感情の処理と同じだと私は考えています。

ネガティブな感情を表出させ、いわば「回避スキル」のバリエーションを広げて対応していきます。

もう少しかみ砕くと、**自傷行為をする子どもの感情を否定することなく、苦しみを表現するための行動のバリエーションを広げていくのです。**

自傷行為をやめるようにいってしまうことは、その子の感情を否定してしまうことになります。そのような苦しみを解放するために、適切な別の行動を一緒に考えます。

そのときに考えうる**「回避スキル」として、「刺激的な代替スキル」と「回避的な代替スキル」の2つがあります。**

「刺激的な代替スキル」とは、たとえば次のようなものです。

自傷行為で肌にあてるものを、ナイフではなく、冷たい氷にするとか輪ゴムなどに変えたりすることで、比較的安全な代替感覚を感じさせる

脳内のほかの領域を活性化させて、強い感情をシフトさせるために、レジスタンストレーニング（高負荷のウェイトトレーニング）やインターバルトレーニング（高強度の心肺トレーニング）などのように、自分を追い込むほどの激しい運動をする

感情を表出するために、カラオケに行って思いっきり大声を出して歌う

「刺激的な代替スキル」とは、自傷行為以外の行動によって同様の刺激を与えることで、代替することです。

また「回避的な代替スキル」としては、次のようなものがあります。

自律訓練法や呼吸法などによって、身体の別の部分に対する意識を高める

絵を描いたり、音楽を聴いたりするような自分の好きな行為に没頭することで、自分にとって心地よい意識に転化させる

心から安心できる、ネガティブな表現が思いきり出せるような相手と話をする

「回避的な代替スキル」は、このように自傷行為以外の行動に意識を転化させることによって、つらい感情から一時的にでも離れるようにすることです。

自傷行為をする子どもには、代替したり回避したりする行動を一緒に考えていくことで、自分が大切にされなければならない存在であることに気づいてほしいと思っています。私は、そのような子たちには、より自分らしく生きていくためのきっかけをつくっていってほしいという願いを込めて向き合っています。

子どもがおだやかになる魔法のスキル「オンリーユー」

「オンリーユー」とは、子どもと1対1ですごす時間

　この章の最後に、年長から思春期前までの子どもの安心感を育てる最良の方法の1つとして、私がクリニックでも実践している「オンリーユー」について紹介します（「オンリーユー」を幼児期の子どもにする場合は、お母さんにとって負担にならない範囲内であれば、時間や回数などの制限なく行っても大丈夫です）。

　これは、クリニックで「ペアレント・トレーニング（保護者の方がお子さんとの関わり方について学ぶ場）でも採用している当院のオリジナルの手法です。**子どもが親に自分**

を受けとめられていると感じる時間が「オンリーユー」というプログラムです。

子どもは、受けとめられてはじめて関係性が生まれてきます。そこで、子どもと1対1で、「子どもの視点」ですごす時間をつくるというものです。

たとえ兄弟が何人いても、この時間だけは1対1でなくてはいけません。

そして、その子が「どんなふうに遊んでいるのか」「どういうことが好きなのか」を観察する時間でもあります。そのなかで、子どもの「意識してほしい行動」を見つける時間でもあります。

対象は、思春期前の4年生（10歳ころ）までの子どもです。

「オンリーユー」は、思春期前までの最も大切なことの1つである「安心感」を育むきっかけづくりとして私は取り入れています。

子どもとの向き合い方に迷っている親御さん、また愛着に問題がみられる子どもの親御さんには、とりわけ有効な方法の1つと考えています。

オンリーユーは1週間に1回、15分でもOK

では、具体的に「オンリーユー」はどんなふうにするのかをみていきましょう。

1週間に1回「オンリーユー」をする時間を決めます

お母さんに気持ちのゆとりのある時間で、かつ子どもと2人きりになれるタイミングを探します。

子どもの成長のためには、「これ以上の回数はやらない」と限定的に行うことが重要です。「オンリーユー」の時間が、子どものなかで根づいてくると、それ以外のときも、この時間のことを考えるようになります。**限定することによって、子どもに「オンリーユー」の時間をより意識するようにさせるためです。**

「オンリーユー」をすることを、子どもに提案する

子どもに「オンリーユーという遊びは、お母さんと2人きりで、○○ちゃんが好きなことをして遊べる時間だよ」と話します。そして、子どもと一緒にすごす秘密の時間は、「〜タイム」などと子どもと相談しながら、独自の名前を決めるとより効果的です。

時間も、子どもと相談して決める

時間も、子どもと一緒に相談しながら、具体的に「日曜日の15時から15時15分まで」などと決めます。時間の長さは15分から30分程度で十分です。それ以上長くしないでください。

この時間は、「子どもの視点」で向き合う時間なので、親にとってはそれなりに負担となります。30分以上の時間になると、なかなか関係性を維持することが難しくなってしまうからです。

お母さんとのよい関係を子どもに感じさせるためには、15〜30分くらいの時間でも十分に効果が得られるので、決して無理はしないようにしてください。

遊びやルールも、子どもと話し合って決める

「オンリーユー」でどんなことをするかなどをふくめて、子どもと一緒にルールも前もって話し合って決めます。とくにゲームソフトの購入等の無理な要求には答えられない、ということも事前に話しておきましょう。

また、テレビゲームやアニメなどだと、それに意識が向きやすいので、できるだけ避けてください。とくにテレビゲームは、やめましょう。「オンリーユー」には15〜30分という時間の制約があるために、どうなると終了かというのも、2人で確認してではなく、ゲームが主体なりがちだからです。

そして、いくら優しくしようと思っても勉強はやってはいけません。指導的な関係になってしまうので、「オンリーユー」の趣旨からどうしても離れてしまうからです。

親とのやりとりをしながらの遊びがどうしても苦手で難しい場合、または1人遊びが好きな子どもの場合には、子どもがやっている遊びを見守るだけでも十分です。そのときは、子どもが遊んでいる行動を、お母さんが声に出して、子どもの遊びに興味を持って見ていることを気づかせてあげてください。

それでも遊びが決まらないときには、いつも子どもがやっている遊びを観察しながら、提案してみてください。しかし、**提案はしても、指示的にならないように、あくまでも決定権は子どもに与えるようにしましょう。**

遊びのイメージが明確でないお子さんの場合、何度か変更すると、スタート地点に立てるケースも多くあります。子どもが自分で決められるようになるまでは、あせらずに試行錯誤に付き合ってあげてください。

お絵描き、粘土遊び、あやとり、おはじき、オセロ、しりとり、替え歌など昔ながらのシンプルな遊びも意外と子どもは楽しんでくれます。

「オンリーユー」では、必ず子どものペースやリズムに合わせること

遊んでいるとき、子どものペースが速くてついていけなさそうな場合には、子どもに教えてもらってください。逆に、あまりのんびりとしたペースで、歯がゆくてイライラしたと感じても決してそのような表情を出してはいけません。

この時期の過敏な子どもは、ちょっとしたお母さんの表情の変化を非常に敏感に感じ取ってしまいます。

だからこそ**お母さんは、この時間限定の女優になりきってください。**

遊びを通して、子どもの「意識してほしい行動」を見つけて、ほめる練習をします（具体的なほめ方は、3章の「ほめ方」も参照してください）。

「オンリーユー」の時間内にしてはいけないこと

「オンリーユー」は親が子どもを受けとめることが目的ですので、決してこの時間内には、子どもに指示や命令をしてはいけません。否定的・批判的なコメントはしないでください。

子どもが、この場にあまり適切でない内容の話をしてきたときにも、「○○ちゃんはそう思っているんだね」と、否定も肯定もしない魔法の言葉を使ってください。ルールが守れないときでも、「オンリーユー」の時間が終わったあとに教えましょう。

「オンリーユー」は、普通の遊びではありません。子どもにとって特別な魔法の時間になるのです。

「オンリーユー」をつづけていると、子どもの行動に変化がみられます

「オンリーユー」による大きな2つの変化は「べたべた攻撃」と「試し行動」

「オンリーユー」をつづけていくと、幼児期や学童期での安心感はもちろん、思春期に向けて自律的に歩みはじめるための「強い心」を育んでいくことにもつながります。

「オンリーユー」による子どもの変化には、とくに2つのポイントがあります。

べたべた甘えてくるような行動

このような行動が出てきたらチャンスです。子どものべたべた攻撃をただ受けとめつづけるのではなく、逆にお母さんのほうから、べたべた攻撃を仕かけてみてください。

子どもが小学4年生くらいになると身体も大きくなり、子どもがべたべたしてくるのを受けとめることは肉体的にも大変です。しかも、「オンリーユー」以外の時間帯で子どもがべたべたしてきたら、お母さんは心の準備や余裕がないとなかなか受けとめられません。

しかし、このときの子どもは、お母さんの反応を無意識のうちに身体の全感覚を通じて感じ取っています。ちょっとしたいやな表情や態度は即座に見抜かれてしまい、せっかくの「安心感」を育てる機会を失ってしまいます。

子どもがべたべたしてきたときには、お母さんは自分のペースで場をコントロールすると、比較的楽に受けとめることができます。どういうことかというと、お母さんのほうから子どもにべたべた攻撃を先に仕かけていくのです。

べたべた攻撃を仕かけてくる段階の子どもには、「逆べたべた攻撃」が有効です。お母さんの積極的なそのような行為は、子どもの「安心感」につながります。

これを何回か繰り返していくと、子どものべたべた攻撃も徐々に少なくなり、早く卒業してくれるようになります。

試し行動

「試し行動」とは、子どもが相手との距離を測ろうとする言動です。受けとめる大人にとっては、困った行動に見えがちです。

たとえば、「こんなことをいってはいけないよ」と何度も子どもに注意しているのに、ニタニタと笑いながら人前で大きな声で繰り返していってきたり、お母さんがいるときだけ、妹をつねって泣かしているのに、知らんふりをしたりするような行動もそうです。

「試し行動」は、大人側にとっては望ましくない「意識してほしくない行動」のようにみえがちですが、これは「未熟脳」の子どもが成長する過程のなかで出てくる正常な反応です。

子どもは、ネガティブな感情もふくめて表現し、それさえも受けとめてもらえることで「安心感」の芽が育ってきます。

とくに「愛着」の形成が十分でない子ほど、「オンリーユー」をすると、この「試し行動」が、より激しい行動としてよく出てきます。

そのため、思春期前にこのような「試し行動」をしっかりと受けとめてあげることで、子どもにとって最大の武器である「安心感」という鎧《よろい》をまとい、思春期に立ち向かうことができるようになるのです。

「試し行動」は、思春期に向けて自立した心を育むためにも大切な反応の１つなのです。

「オンリーユー」を通じた時間で、「試し行動」をしっかりと出させて、「べたべた攻撃」をたっぷりと受けとめてあげてください。

子どもがべたべた甘えてくる行動やいたずらを投げかけてくれれば、もうすぐ「オンリーユー」の卒業のサインです。

あなたは、子どもの行動がよくなることを望んでいますか？

私はクリニックで「ペアレント・トレーニング」を開始する前のお母さんに、必ず聞くことがあります。

「お母さんがお子さんのために関わってあげることで、お子さんの行動がよくなったり、明るく元気になったりすることを、お母さんは望んでいますか？」

何を当たり前のことをいうのかと思われそうですが、じつはお母さんのなかには、自分自身が虐待やネグレクトをはじめ不適切な環境で育てられてた方も大勢いらっしゃいます。

そうすると、子どもの行動がよくなって変化していくことによって、自分がかつて親に適切に関わってもらえなかったことを思い出してつらくなってしまったり、明るく元気になっていく子どもが逆に憎たらしく感じてしまったりすることもあるのです。

このようなことは、子どもとの関わりを通じて、お母さんが自分自身の過去を客観視できるようになることで感じてしまうものなのです。

したがって、子どもの成長を素直に喜べない場合には、あえて「ペアレント・トレーニング」のように子どもに向き合うことはおすすめしません。まずは、お母さんの問題を処理することのほうが先決だからです。

子どもの成長を見守るためにも、「子どもの視点」を理解して向き合うことは大切ですが、そのスタート地点に立つには、まずは大人自身も自分で気づきにくい問題に直面することになるのです。だからこそ、「子育て」とは、子どもはもちろんのこと、親にとっても成長する機会になるともいえるのです。

5
章

「愛着」や「発達」の問題は、けして他人事ではありません

なぜ、「愛着障害」「発達障害」は他人事ではないのか？

「虐待」「発達障害」は明らかになっているものだけではないのです

今、子どもたちを取り巻く問題として、「虐待」「発達障害」などがテレビや新聞、インターネットなどのメディアで取り上げられることがよくあります。

しかし、人によっては「うちの子には関係なさそう」と思うかもしれません。もちろん、その人がそう思うこと自体を否定するつもりはありません。

ただ実際には、「虐待だと大人は思っていないが、子どもにとっては厳しすぎる不適切な対応」や「気づかれていない発達障害や、その二次障害」などは、たくさんあるのです。

虐待とは、暴力のようなものだけではありません

ここでいう「厳しすぎる不適切な対応」とは、身体的または心理的に、子どもの思いが無視されたり、否定されたり、攻撃されたりして、受けとめられていないすべての状態を指します。そのため、前章で述べた、子どものネガティブな情動の表現を受けとめるというのは非常に重要なことなのです。

また、親の夫婦間のＤＶ（家庭内暴力）のように、子どもにとって直接的な対応ではないようにみえるものでも、子どもの安心・安全の源である両親が目の前で傷つけ合ったり、罵倒《ばとう》されたりすることは、子どもの安心感を根底から揺るがしてしまうほどの大変な出来事なのです。

子どもの脳への影響の点からいうと、言葉の暴力のほうが、身体的な暴力を目の当たりにするよりもはるかに大きなダメージを与えてしまうともいわれています。

大人は、直接子どもに対して行っていないと思っていても、子どもの脳には深く大

きな傷が刻み込まれてしまうこともあるのです。

そして、その心の傷は、大人になっても死ぬまで癒えることはない苦しみとして残されてしまうものなのです。

実際に、あるお母さんは「子どものころに父親から怒られたり、責められたりしたことを思い出すのは、今でもつらくて耐えられない。涙が止まらなくなってしまう。この悲しみは、父親が死んでも消えることはないんです」と話してくれました。

「発達」に特徴のある子は、気質的な問題と片づけられがち

「発達」に特徴のある子どもは、単一の遺伝子要因だけで説明できない特徴が折り重なった多因子要因が問題となるため、表現のしかたや程度には大きな差異がみられます。

そのため、診断基準では「発達障害」の基準を満たしていなくても、発達障害の子どもと同じような対応が必要な子どもも多くいるのです。

このような子どもを、社会一般のものさしで大人が対応してしまうと、その子の苦しみはみえないままです。その結果、二次障害につながっていくのです。

「発達障害や発達に特徴のある子ども」の問題は見えにくいため、さらに厳しすぎる不適切な対応になりがちで、「愛着形成」にも影響を与えることもあります。

発達障害の子は、ある意味、脳のメカニズムが少数派というだけであり、逆にいうと、私たちが想像もできない視点を広げてくれる存在だとも私は思っています。

このような子どもの視点や発達の特徴を理解できるようになると、子どもから得られる恩恵は計り知れないものがあると感じています。

私たちが感じ取れないような視点に触れることができるという点では、このような子どもたちは天才だと思います。実際、超一流のアスリートや、一流の研究者には、このような特徴を持つ方が大勢います。

ここでは、「虐待をふくむ厳しすぎる不適切な対応を受けている子ども」や「発達障害や発達に特徴のある子ども」のすべてを伝えることはできませんが、このような子どもたちの特徴や視点に触れることで、今あなたの目の前にいる子どもの困っていることに対する、なんらかのヒントとなる話も少なくないと思います。

「心に傷を負った子」との向き合い方

「どこでもよい子」に潜む問題の可能性

「どこでもよい子は危険」という話とも重なりますが、年齢不相応に学校でも自宅でも「すべての場面でよい子である」というのは、「発達の問題」や「愛着の問題」の可能性も考えられます。

しかし、次のどちらかを見極めるのは、非常に難しいです。

発達に特徴のある一部の子どもにみられるように、「全か無の法則」に従う両極端

の限局的な（狭く限られている）思考のために、決められたことを忠実に守ろうとする視点から行われているのか

愛着の問題のある子どものように、100パーセントよい行為ができるような完璧な人間でなければ受け入れられないという視点から行われているのか

いずれにしても就学前の時点で「全面的によい子」は、私は目に見えるような行動上の問題がある子ども以上に、注意しながらみないといけないと考えています。

とくに今、学校でも「愛着の形成に問題のある子ども」が非常に多くみられます。このような子には、**まず自分を大切にすることを学ばせなければいけません。自分が大切にされなければならない存在であることを知ってもらわなければなりません。**

「トラウマ」や「愛着障害」等を抱えて失敗が受け入れられない子どもや、過度に失敗させないようにする養育者のもとで、経験を蓄積できなくなってしまっている子どもはたくさんいます。

「愛着」に問題のある安全感の育っていない子どもは、被保護感が薄く、小さな刺激

でもトラウマになりやすいといわれています。一方、虐待などのトラウマによって安心感を失ってしまった子どもも、愛着形成に問題を持ってしまうといわれています。「愛着の問題」と「トラウマ」の相乗効果によって、安心感を得ることを妨げられた子どもは、自分しか自分を守ってくれると感じる人間がいないために、自己防衛を強化していきます。

そして、「愛着」や「虐待」による問題は、その子だけの一時代的なものではなく、その受けた環境を引きずりながら成長することによって、さらなる問題となります。

マウスの実験では、生後すぐに母マウスから引き離されるという精神的ストレスを被ったマウスは、成体期（人間でいえば成人の状態）の行動異常の大部分がその子どもや孫のマウスなど数世代にわたって発現したという報告もあります。

つまり、**「愛着」や「虐待」の問題は、世代間を超えて子育てにも影響する**といわれているのです。「愛着」や「虐待」の問題は、その子のためはもちろん、周囲や、その子の未来のためにも、防ぎ、なくさなければならないのです。

どの時期にも
大切なこと

「心を閉ざした子」との向き合い方

「厳しすぎる不適切な対応を受けた子ども」の負のスパイラル

「お父さんは僕のことを嫌っているんだ。でも、お父さんに抱きしめてほしい」

父親から「厳しすぎる不適切な対応」を受けつづけていた、ある男の子が私にそっと話してくれました。

親から「虐待をふくむ厳しすぎる不適切な対応を受けている子ども」は、親に対して、どのように感じているのでしょうか？

「お母さんは、私のことが嫌いなんだ　恨んでいるんだ」と思っているのでしょうか？

このように考えてくれるなら、この場合、悪いのは母親であるため、自分ではなく母親が悪い人なんだと、とらえていることになります。

いわば、責められる自分は悪くないのに、理不尽な扱いを受けていると、自分自身を守るような視点で考えることができます。

しかし、虐待のような「厳しすぎる不適切な対応を受けている子ども」は、そう考えてはいないのです。

「私がたたかれるのは、私が悪いからなんだ。私が約束したことをしっかりとできないダメな人間だからたたかれるんだ」

そう、とらえてしまうのです。そのため、自分がたたかれてしまうのは当然なのだという考え方に至ってしまいます。

このような状況では、その子の自己評価が高まるはずはありません。そこには、何もできないダメな自分しか存在しないのですから。

自己評価が極端に低くなってしまった子どもは、問題行動を繰り返し、その行為によってさらに周囲から不適切な対応を受けて、少し専門的にいえば、マイナスの自己認識を積み重ねていく誤学習のネットワークを形成していきます。

同時に、関わろうとする周囲の人たちを、負のスパイラルに巻き込んでコントロールしていきます。

「大人を信じられず、心を閉ざした子」にどう向き合えばいいのか

それでは、このような「虐待をふくむ厳しすぎる不適切な対応を受けている子ども」には、どのように向き合えばよいのでしょうか?

そのような子と向き合うには、**子どもの予想外の展開のなかで、決してコントロールされない関わり方が重要になってきます。**

どういうことか? 順を追って説明していきます。

まず不適切な対応を受けて、極端に自己評価が低くなってしまった子どもへの対応は、非常に難しいものがあります。

このような子どもは、わざと人が困ってしまうような問題行動を繰り返します。

その行為によって、周囲の大人からは引きつづき「厳しすぎる不適切な対応」を受けることになり、さらに自己評価が下がってしまいます。

それだけではなく、そのような対応しかできない大人たちを子どもは信用しません。なぜなら、自分の行為によって怒ってしまう大人の反応は、その子どもにとって予想の範囲内だからです。

いくら大人が一生懸命に対応したとしても、その行動は子どもにとって予想の範囲内のため、「いかにも」「見え透いた」「そらぞらしい」というように映り、表面的な対応にしかみえないのです

そして**大人が、子どもの予想の範囲内の行動しか示せないということは、ある意味、子どもによってコントロールされている状態になります。**

大人の振る舞いが、たとえその子にとってマイナスになるような怒ったりする行動であっても、それがその子の予測の範囲内の反応であれば、コントロール下にあるわけです。

また、そのような子は自己の安心感や安全感を奪われてしまっているため、常に緊張した状況にあります。同時に、危機的な状況に適応するために、ゆがんだ独特の視点で周囲をとらえてしまっているのではないかともいわれています。

つまり、たとえ自らにとってマイナスの状況を招いても、予想の範囲内の反応をす

る周囲はコントロール下にある状態といえ、そこに安心を感じているのです。**ある意味、ゆがんだ視点で、安心感を得るべく問題行動を起こすわけです。**

このような子どもと向き合うときには、けして子どもにコントロールされないようにしなければいけません。

ただし、「コントロールされないようにする」といっても、話を聞かないというわけではありません。反発することでもありません。

その子にとって、予想外の行動をするのです。

そのような対応をすると、子どもははじめ非常に不安になってしまい、自分のコントロール下に置くために、より行動がエスカレートしてしまうこともあります。

しかし、それでも、コントロールされない大人に気づくと、恐る恐るこちらのほうに意識を向けるようになってきます。

予想外とは、子どもが「どうせ、こうするんだろう」と思う行動ではないこと

「虐待をふくむ厳しすぎる不適切な対応」を受けて、周囲をコントロールしようとする子どもと話をするときには、私は刺激を少なくして、できるだけ何もない部屋で話をするようにしています。

最初は、当然その子は話などしてくれず暴れて物を投げたり、壁を蹴り上げたりすることもあります。それでも、しばらくはまったく反応しないで、あえてその子を見ることもせず、淡々と座っています。

その後、その子の行動が治まってくると、私は予想外の行動に出ます。

その子はどうせ怒られるだろう、怒らないまでも、かなり困惑した対応をしてくるだろうと考えています。しかし、その子の乱暴な行為にはまったく触れることなく、私は淡々と「手はケガしなかった？　ちょっとみせてくれる」などと声をかけてみます。

私は小児科医なので、このように医師の視点でケガの心配をして声をかけること
は、それほど違和感はないかもしれないですが、怒られたり、何かしらとがめられる
と身構えている子どもにとっては予想外の出来事になるのです。

だから、手の心配をされて、その子はきょとんとしてしまいます。

ただし、すぐに手をみせてくれる子どももたまにはいますが、ほとんどの子が怪訝《けげん》
そうな顔でこちらを見つめてきます。

しかし、このようなやりとりを何回も何回も根気強く繰り返していると、その子は
徐々に手をみせてくれるようになります。

手を治療させてもらったりするなどのやりとりができるようになると、その子は少
しずつ私の話も聴いてくれるようにもなってくれます。

「虐待をふくむ厳しすぎる不適切な対応を受けている子ども」にとって、コントロー
ルできない相手と向き合うことは、非常に恐ろしいことかもしれません。

しかし、**「自分がコントロールできなくても安全に関われる大人だっているんだよ」
ということを少しでも感じさせることができれば、その瞬間が、その子と向き合うこ
とができる入口**だと私は考えています。

「愛情を素直に受け入れられない子」との向き合い方

虐待を受けている子は、愛情でさえ自分がコントロールされると思えてしまう

「虐待をふくむ厳しすぎる不適切な対応を受けている子ども」には、コントロールされずに、予想外の対応をしながら、何よりも安心できる関わりを少しでも感じさせてあげることが大切になります。

このことは、「愛着に問題がある子」の脳が、次ページの研究結果に示されるように「小さい報酬」だけではなく、「大きな報酬」にもまったく反応していないこととも重なります。

「報酬」によって左右されるということは、「自分がコントロールされる状態」といえます。一方、「報酬」に左右されないというのは、自分がコントロールされるようなことに反応しないわけです。

そのような子と向き合うときには、こちらが愛情をもって接しようと試みても、混乱をきたしてしまうことがよくあります。

愛そうという行為自体も、自分がコントロールされてしまうのでは、という不安を高めてしまうのではないかと考えられています。

そのため、「虐待をふくむ厳しすぎる不適切な対応を受けている子ども」とは距離感を保つことが非常に難しくなります。

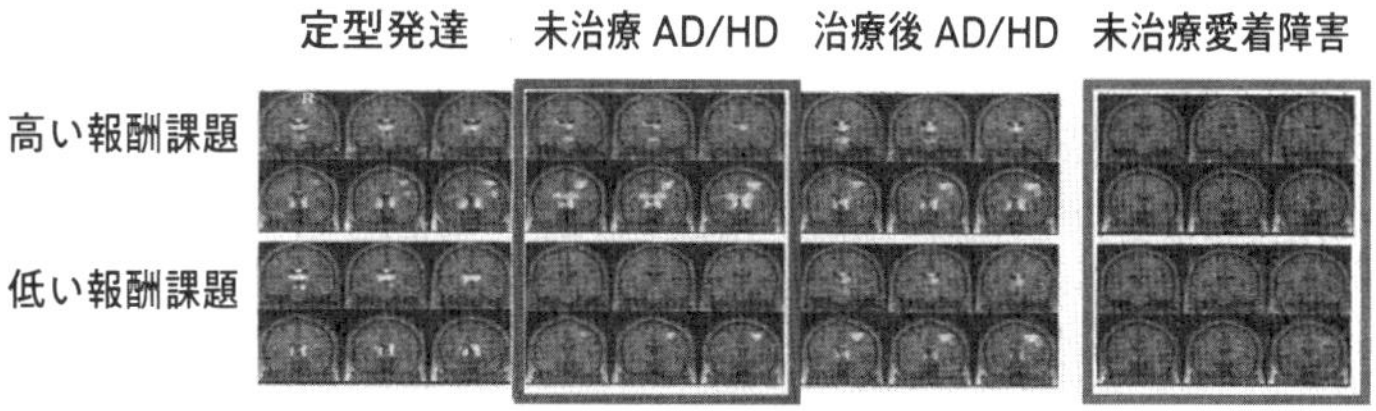

出典：福井大学子どものこころの発達研究センター 友田明美

著者注：いちばん右側の線で囲まれているように「愛着」に問題のある子どもは、いちばん左側の定型発達の子どもや、左から２番目の線で囲まれたADHD（注意欠如・多動症）のような発達に特徴がある子どもたちともちがって、「小さな報酬」だけではなく、「大きな報酬」にも脳がまったく反応しない様子がみられます。

また、このような子は、人との適切な距離感をとるのが苦手な傾向があります。接近してべたべたしすぎてしまうために誤解されてしまったり、逆に距離をとりすぎるためになかなか向き合えなかったりというようにです。

適切な距離感を保つことがなかなかできないため、行動も非常に場当たり的にコロコロと変わり安定せず、ストレス耐性の弱さから些細なことに異常に反応してしまうようなところがみられます。

人に受けとめられた経験が少ないゆえ、人を受け入れにくい

私が会ったある虐待を受けた子は、自分から高い危ないところにも平気で登ったり、飛び降りたりするのに、なぜか自分が人の肩に乗って肩車をされることを異常に怖がっていました。

自分から私に飛びついてきたりはしましたが、基本的に肩車のように、自分のコントロール下に置けない状況を受け入れることは、非常に恐ろしいのかもしれません。

いくらこちらが愛情をもって接しても、「虐待をふくむ厳しすぎる不適切な対応を受けている子ども」はコントロールされてしまうという不安が常につきまとっている

のです。

「虐待をふくむ厳しすぎる不適切な対応を受けている子ども」にとっては、まずはじめに身体的にも心理的にも無視されず、否定されず、攻撃されずに受けとめられて、安心させてもらえる環境を与えられることが、何よりも重要になります。

安心感を感じられる脳の働きを駆動させなければ、どのような報酬（愛情や親切な対応をはじめ、ポジティブな働きかけ）も無意味になってしまうからです。

「発達障害」や「発達に特徴のある子ども」の線引きは難しいからこそ

「発達障害」は線引きが難しいからこそ、どの子の親にも知ってほしいこと

ここまで述べてきた「愛着」や「虐待」の問題は、対応の難しさをはらんではいますが、ある意味、後天的な要因が主体となります。

「発達に特徴のある子ども」の問題は、先天的な要因が主体となります。

したがって、このような子どもへの向き合い方は、**通常の成長を目標とするのではなく、その子の特徴を理解し、その成長に合わせた対応をする必要があります。**

とくに、知的に問題がないけれど「発達に特徴がある子ども」に対して、通常のものさしで見てしまうと、「わがままだ」とか「自分勝手だ」とかのレッテルを張られがちです。

その結果、その子は責められることが多くなり、さらに「愛着」の問題を抱えてしまうことにもなるのです。

また現在では、「発達に特徴のある子ども」は多くの遺伝子が原因として考えられています。そのため、ある意味、通常の発達の子どもとの明確な線引きも難しくなっています。

つまり、通常の発達の子どものなかにも、同じような特徴を抱えて苦しんでいる境界域の子どもたちも多いのです。

したがって、**「発達に特徴のある子ども」のことを理解し、このような子どもの視点を考えることは、自分の子どもの持っている似たような特徴に対する対応のヒントが、たくさん隠されているともいえるのです。**

6
章

世界一の教育先進国
フィンランドで学んだ
「子育てで大切なこと」

フィンランドで学んだ「子育てで大切なこと」

世界一の教育先進国フィンランドでは、どんなことをしているのか？

私は、現在のクリニックを開業する前に3か月ほど自由な時間をすごす機会を設けました。

この期間は病院での業務はいっさい行わず、悩んでいる子どもや家族のお話を聞かせてもらったり、行政の方と困っているご家庭を訪問して相談を受けたり、ときには子どもたちと一緒に体育館で運動や遊びをしたりと、いろいろなご家庭の現状に直接触れる機会を経験させていただきました。

小児科医という仕事をしていて、なかなか得られないこのような時間を持てたことは、のちのち私自身の視点が大きく広がるチャンスにもなりました。

小児科以外の研究会や学会にも参加させてもらい、今まで学べなかった興味のあるいろんなジャンルに首を突っ込んでいたなかで、最大の収穫は大学生たちと一緒に出かけたフィンランドへの教育実習旅行でした。


当時の私は、一般の小児科診療だけではなく、虐待を受けた子どもたちや発達障害の子どもたちとその家族に向き合うことが多く、「この子どもたちに、どのように向き合えばよいのか?」という問いに答えを見つけられず、もがいていました。

また、関わっていた子どもたちやその家族との距離感もうまくつかめず、失敗つづきの毎日で、「人とはなんぞや」という命題に迷い込み、悩んでばかりいました。

そんなときに「フィンランド」という国のことを知りました。当時、「ＰＩＳＡ」という国際的な大規模学力調査で、科学や読解や数学などすべての分野においてずば抜けて高い国がフィンランドでした。

さぞかし教育に厳しい国なんだろうなという思いで、何気なくフィンランドの学習システムなどを勉強してみると、驚きの連続でした。

アジア圏のように受験地獄のようなものがあり、そのなかでいかに効率よく学習させるようなシステムがあるのだろうというイメージでしたが、フィンランドの教育について勉強すればするほど、見事に裏切られました。

そこには、子どもたちの自由な選択がふんだんに盛り込まれていたのです。強制的ではなく、子どもたちが生き生きとすごしている様子が描かれていました。

ただ、こんなに子どもたちの自由意思を尊重しているのに、勉強もできるようになるという都合のいい話はないだろうとも思っていました。

そして、実際に自分の目で確かめたいという思いがどんどん高まってしまったため、なんとか大学生の教育実習のツアーに潜り込ませてもらい、念願のフィンランドに行くことができました。

フィンランドの教育方針は「子どもは子どもであればいい」

まずフィンランドでびっくりしたのは、保育園での子どもたちへの対応でした。

発達障害で衝動性の高い子どもに対しても、言葉での指示がほとんどなく、そばに座った個別の先生がその子どもの行動だけを制止するような対応を行っています。そして、よい行動に対しては、耳元で小さな声でしっかりとほめているのです。

発達障害の特徴がみられる子どもには、専門の先生が個別について対応している人的な優位さはあるにしても、先生方の何気なさすぎて、しっかりと意識していないとみえないようなスキルの高さにもびっくりしました。

一見すると単純に思える対応でも一貫しているので、先生方は子どもたちのことを非常によく理解しているようにみえました。

フィンランドでは、発達に特徴がある子どもに対して、すぐに手を差し伸べて対応するシステムがあるためなのでしょう。

「愛着障害」のことについて私が質問したときに、「ここには、日本で問題になっているような愛着障害の子どもはまったくいません」と断言されてしまい、驚きました。保育園の先生や「ネウボラ」という保健センターの方も、「愛着」という言葉を聞いたこともないということで、さらに驚かされました。

帰り際に保育園の園長先生にいわれた言葉が、その後の私の子どもたちと向き合う姿勢に大きな影響を与えてくれました。

「基本的に保育園の基礎になっているのは、子どもたちは何も勉強しなくてもよい、身につかなくてもよいという視点です。子どもが子どもであればいい。遊ぶだけで十分。子どもたちに余計なプレッシャーを与えないことが私たちの仕事です」

このとき、「子どもには、大人の視点で余計なことをしないほうが成長するのではないか。なんとかそれを裏付ける理論体系を見つけることはできないだろうか」と思い、自分が勉強しなければならない方向性が少しみえてきました。

保育園やネウボラを見学させてもらったあとは、自分だけ残って小学校、中学校、高校、大学だけではなく、教育委員会や特別支援学校や図書館などあらゆる教育機関を体験させてもらいました。

ここでの経験は、子どもの成長に関する私の価値観を根底から覆すものでした。ここではじめて、「子どもの視点」に立つことの素晴らしさを体感することができました。

「見守る」というのは大事な子育てのスキル

子どもをたちが遊んでいる公園にいたのは……

日本には「公園デビュー」という言葉があるように、公園では子どもたちだけではなく、お母さん同士の人間関係の問題がクローズアップされることも多くあります。

お母さんの立ち居振る舞いがそのコミュニティで認められるか否かで、子どもの友だち関係にまで影響を与えてしまうと考えると、非常に緊張してしまう瞬間です。

しかし、私がフィンランドのタンペレという都市にある公園で、何気なく見かけた光景は驚くべきものでした。

これなら公園デビューの怖さも解決できるし、この時期の子どもに対してお父さんの存在価値が増し、ヒーローになれるチャンスがあると感じるものでした。

その公園で遊んでいた子どもたちは大勢いたのですが、そのなかにお母さんはひとりもいませんでした。

よく見ると、子どもたちと一緒にいたのはすべてお父さんだったのです。

フィンランドのお父さんたちが実践している「見守る子育て」

お父さんたちは、お互いに話すこともなく、子ども同士が関わりそうになったときに、ちょっと照れくさそうな笑みを浮かべることはあっても、黙って子どもの遊びを近くで見つづけているのです。

子どもたちは自由に駆け回り、ちょっと高いところに登ったり、危ないこともしたりしていましたが、お父さんは「危ない！」などと声をかけずに、黙って先回りをして落ちても大丈夫な位置で待ち構えているだけでした。

この時期のお父さんにしかできない「見守る子育て」は、お父さんの存在価値を一気に高めてくれると思います。

お母さんにとっては、自分の自由な時間も満喫でき、子どもやほかの人との人間関係のわずらわしさからも解放されます。

子どもも、あれこれ指摘されることなく、思いっきり自由に楽しめるので、脳のネットワークの広がりにも絶大な効果を発揮してくれます。

「自由な遊び」の脳における効能は、計り知れないものがあります。そんな自由な遊びを見守ってくれるお父さんは、きっと子どもにとってもお母さんにとっても、どんどん大きな存在になってくれるはずです。

「ネウボラ」という子育てを学ぶ場

私は、お父さんのあまりにも洗練されたこの静かな関わり方に驚き、衝撃を受けました。そしてつい、1人のお父さんに声をかけ、お話を聞かせていただきました。

すると、このような関わり方は、日本でいう保健センターのような存在である「ネウボラ」に通っていたときに教えてもらったそうです。

フィンランドでは、子どもがまだお母さんのおなかのなかにいるときに、夫婦一緒にお父さんやお母さんになるための教育を「ネウボラ」で定期的に受けているのです。

ネウボラではおむつをはかせたり、ミルクを飲ませたりなどの身体的なケアだけではなく、子どもとの遊びやふだんの関わりのなかでのお父さんの役割に関しても教えられることもあるとのことです。

ネウボラに通いはじめた不安な表情の新米パパ・ママが、子どもが生まれるころになるとおだやかで温かい堂々としたパパやママに成長しているそうです。

そのため、お母さんが買い物などで出かけている間は、お父さんが子どもを見守りながら、思いっきり自由に遊ばせているのです。

少しシャイなお父さんたちは、公園でお互いに話し合うことがあまり得意ではないようですが、それが子どもの関わりには非常に好都合です。

お父さんたちはお互いに気をつかいながら、とくに話すこともなく、しっかりと子どものことを見つづけていることも許されているので、逆に苦痛ではなく好都合のようにみえました。

そして、あえて子どもに声をかけすぎないように意識して、危険な行為であったり、他人に手を出しそうなときでも、言葉で話しかけるのではなく、行動のみを制御することを意識していたようです。

過度に声がけをしすぎると、子どもは責められていると感じ、気持ちを委縮させてしまうだけです。このような状態では、子どもは何が悪いかわからないまま、脳のネットワークもまったくつながりません。

フィンランド流の子育てのように、しょっちゅう声がけをされないことで、逆に子どもたちは、何かを指摘されると自分がしている行為がよくないことだと気づきやすくなります。

フィンランドでの子どもとのこのような関わり方は、見学させていただいた保育園や特別支援学校でも実際にたくさんみることができました。

テレビの宣伝でも、身近な発達障害の子どもたちへの配慮が放送されていました。

フィンランドは、子どもたちへの細やかな配慮が随所にみられる国でした。短期間ではありましたが、私はフィンランドで「子育て」の多くのことを学びました。

フィンランドの子どもが学んでいる「議論のルール」

フィンランドでは、
子どもも議論のスキルを学んでいる

フィンランドでは、ふだんはシャイな子どもたちも、小学校のディベートの時間になると、ズバズバと自分の意見を展開していきます。

私も質問をされ、「その根拠は?」と問い詰められたときには、一瞬責められるように感じてしまいましたが、彼らのなかではしっかりと自分の意思を育てるためには必要なスキルだったのです。

フィンランドでは、小学生が議論する際にも明確なルールがあったのです。これが、子どもたちが行っている議論のルールの一例です。

1 他人の発言をさえぎらない
2 話すときは、だらだらとしゃべらない
3 話すときは、怒ったり泣いたりしない
4 わからないことがあったら、すぐに質問する
5 話をするときは、話している人の目を見る
6 人が話しているときは、ほかのことをしない
7 最後まできちんと聴く
8 議論が台なしになるようなことはいわない
（前提にあるものを覆すようなことはいわない）
9 どのような意見であっても、間違いと決めつけない
10 議論が終わったら、議論についての話はしない
（意見は議論の場でいう。卑怯な態度はとらない）

日本では、学校で「自分の意見を話すトレーニング」の授業はあるのでしょうか？コミュニケーション能力は生きていくうえで大切なスキルですが、実践的な練習を重ねなければなかなか成長できません。

フィンランドのように、**ある一定のルールのもとでスキルを積み重ねていかなければ、コミュニケーション能力は成長していかないのではないでしょうか。**

このように具体的なルールを決めることで、誰かが話している途中で口をはさむことが、いかにルール違反であるのかということに対する理解も進みます。

また、一方的に自分の考えが間違えであると否定されることが、いかによくないことであるのかということにも気づきやすくなります。

議論をする場と日常生活の会話の場をわきまえ、いつまでもだらだらと話をしないなどの大切さを理解し合えるようになると、お互いのコミュニケーション能力は格段と高まるはずです。

そして、コミュニケーションによってお互いを知ることにつながり、子どもたちの世の中への理解も広がり、深まり、子どもの行動のバリエーションも広がっていくのです。

フィンランドの大人は、怒りそうになったら森の音を聴きに行きます

フィンランドで出会ったお父さんがおだやかな秘密

フィンランドでは、お父さんがフィンランドの人で、お母さんが日本人の夫婦と話をする機会がありました。

フィンランド人のお父さんが、あまりにもおだやかで優しかったものですから、優しすぎるお父さんに疑問を感じ、日本人のお母さんにこんな質問をしたことがあります。

「お父さんはいつもこんなにおだやかなのですか？　怒ることはないのですか？」

夫婦間でおだやかな気持ちを保つことができたら、それはお互いのためはもちろん、子育ての環境という子どものためにも最高です。

しかし、いろいろな夫婦を見ていて、また私自身の経験もふくめて現実的にはかなり難易度が高いことだと思っているので、少しでもヒントがもらえればという気持ちと、まさか怒らないないないなんてことはありえないだろうという気持ちから出た、ちょっと意地悪な質問でもありました。

しかし、お母さんの答えは意外でした。

「そうね、そういえばあなたが怒ったところは見たことがないわね。でも、怒りそうになったことは何度かあるわよね。でも、そんなときはどこかに出かけて行って、帰って来たらにこやかにしているわね。いったいどこで何をしているの？」

と逆に、日本人のお母さんから再度お父さんに対しても質問が浴びせられました。

ニコニコしていたお父さんが、こう答えました。

「森に行っているんだよ」

お父さんによると、気持ちが乱れそうになったときには、森の声を聴きに出かけて行くのだそうです。

すると、イライラした気持ちが徐々にやわらいできて、冷静な気持ちになり、ゆっくりと考えられるようになるのだそうです。

森の音は、科学的にも人間を癒してくれる効果があった

お父さんの話を聴いて私は衝撃を受けましたが、調べてみると、じつに合理的なのです。

少し専門的になりますが、可聴音《かちょうおん》（人間の耳に聴こえる音）を耳で聴きながら、同時に耳で聴こえないような超高周波の音を身体で感じることによって、「ハイパーソニックエフェクト」という報酬系と自律神経系が同時に活性化された状態がつくられるといいます。

超高周波の音は、都市部では聴き取ることができませんが、とくに熱帯雨林のような森のなかでは聴き取ることができる音だといわれています。この周波数のような音は、森のなかでも発生する音なのです。

お父さんは、小さいころからの習慣でこのような体験を繰り返すうちに、怒ったような態度を示すことなく、大きなストレスと感じずに回復することができていたのだ

ということがわかりました。

フィンランドの人たちのなかには、自然にこのような生活習慣が身についている方が多いそうです。

そのご家庭からの帰り道に、私も森のなかを通ってゆっくりと歩いてみました。少し暗くなってきた森のなかは、大の大人でも少し恐怖感を感じましたが、ここでも驚いたことがありました。

私の前から、子連れのお母さんが歩いて来たのです。

こんな暗い森のなかで、私のような男性に出会ったら恐怖感を与えてしまうのではないかと心配になりながら、できるだけ知らないふりをして自然に通りすぎようと考えていました。

すると、すれちがいざまに相手の方がにこやかに「ヘイ（こんにちわ）」と声をかけてくれたのです。私もあわてて「ヒュヴァー、イルター（こんばんは）」と返してお互いに通りすぎて行きました。

フィンランドでは、森はこんなにも安全と認識されているんだという驚きと、フィンランドの人々の精神的な成熟度に感動すら覚えました。とくに、親であれば子育てでイライラしたりすることは少なからずあるかもしれませんが、その解決法を自ら自然と見出していることに対してです。

その後は帰国するまで毎日、私は起床後すぐと昼食後と夕食後に森のなかを散歩することを習慣にしました。ほんの短期間でしたが、心おだやかに、同時に大きなエネルギーを与えられたように感じました。

しかし、日本に帰ってくると忙しさを理由に、あっという間に同じような時間をつくることは難しくなってしまいました。思ってはみても実行しつづけることは、難しいものです。まだまだおだやかな父親としても、夫としても道は遠いです。

おわりに

「子育て」とは、親の夢を子どもが実現することではなく、今、目の前にいる子どもがどのような宝物を持って生まれてきたのかを一緒に探し、気づかせてあげる過程なのではないかと私は考えています。

子どもが、いい学校に入れたり、いい仕事に就けたり、立派な地位や名誉を築いても、本人が幸せを感じられなければなんの意味もありません。

子どもに関わる大人に求められているのは、大人の望むように子どもを誘導することではなく、他者の評価に揺るがない自分らしい生き方を見つけることができるように支えてあげることではないでしょうか。

そして「子育て」とは、いろんな生き方があり、いろんな人がいたほうがいいのだという、選択肢を広げるアプローチを子どもにしつづけることではないかと私は考えています。

この本のなかには、虐待やいじめで苦しみながらも必死に生きてきた子どもたちから、私自身が教えてもらったことがたくさん書かれています。ぜひ彼ら彼女らの思いをみなさんと共有することで、「子どもにとって本当に幸せな生き方とは何か」を一緒に考えていけたらと思います。

最後になって白状しますが、じつは私は「子育て」という言葉があまり好きではありません。この言葉には、「大人の視点」をベースに子どもをみているような印象を受けてしまうからです。

しかし、本書を通してお伝えしてきた「子どもの脳の成長」にもとづいた「子どもの視点」を理解し、その視点に合わせた「子どもが適応できる行動」のバリエーションを広げることができれば、大人自身が子どもの成長を気楽に楽しみながら見守ることができるようになると思います。

そのような視点で子どもと関われるようになると、逆に大人自身が知らず知らずのうちに成長させてもらえる瞬間を感じられるようになり、子どもとの関わり方が「子育て」としてではなく、「楽育」という視点で楽しんでいただけるのではないかと考えています。

本書の刊行にあたって、大人とは異なる「子どもの視点」をなんとか伝えたいという私の思いを、素晴らしい言葉で表現していただき、この本を推薦してくださった、小山薫堂さん、素敵な子どもたちのイラストで伝えてくださった、こやまこいこさんに心から感謝いたします。そして、子どもへの深い愛情と情熱をもって、「子どもの視点」を伝わるかたちにまで高めるために尽力していただいた、日本実業出版社の川上聡さんにも感謝いたします。

奥山　力（おくやま　ちから）

1962年生まれ。秋田大学医学部卒業。東北大学医学部小児科学教室入局。国立病院機構仙台医療センター小児科勤務。東北大学加齢医学研究所発達病態学研究分野大学院にて小児血液疾患・免疫疾患・EBVAHSの研究。東北大学病態病理学講座免疫学教室にてX-SCIDの遺伝子治療の研究。土屋小児病院（埼玉県久喜市）にて小児心身症・発達障害・愛着障害の臨床。現在、埼玉県白岡市にて奥山こどもクリニック開業。埼玉県立総合教育センター・教育相談スーパーバイザー、子ども支援ラプシー研究会主催、日本スポーツ協会公認スポーツドクター、日本スポーツ精神医学会メンタルヘルス運動指導士、日本医師会認定健康スポーツ医、日本小児精神神経学会認定医、日本小児心身医学会認定医。

小児科医《しょうにかい》が教《おし》える　子《こ》どもの脳《のう》の成長段階《せいちょうだんかい》で「そのとき、いちばん大切《たいせつ》なこと」

2021年７月１日　初版発行

著　者　奥山　力

発行者　杉本淳一

発行所　株式会社日本実業出版社　東京都新宿区市谷本村町３−29 〒162-0845
大阪市北区西天満６−８−１ 〒530-0047

編集部　☎03-3268-5651
営業部　☎03-3268-5161　振　替　00170−1−25349
https://www.njg.co.jp/

印刷／厚徳社　製本／共栄社

ISBN 978-4-534-05861-4　Printed in JAPAN